DAUSIEN

ÄGYPTISCHE MÄRCHEN

ÄGYPTISCHE MÄRCHEN

ILLUSTRIERT VON JOSEF KREMLÁČEK
NACHERZÄHLT VON JIŘÍ TOMEK

VERLAG WERNER DAUSIEN • HANAU

Ägyptische Märchen
Nacherzählt von Jiří Tomek
Übersetzt von Ingrid Kondrková
Illustrationen von Josef Kremláček
Graphische Gestaltung von Ivan Urbanek

VERLAG WERNER DAUSIEN • HANAU
ISBN 3 – 7684 – 5702 – 8
1 ol 45 52 01

INHALT

EINFÜHRUNG *9*
ERSTER TAG *13*
Das falsche Urteil *15*
Der Seefahrer und die Insel der Wunder *20*
Lotos und Papyrus *28*
Wie ein Bauer Pharao wurde *32*
ZWEITER TAG *53*
Sieben Hungerjahre *55*
Das verzauberte Krokodil *59*
Das Türkisfischlein *65*
Pharao Cheops und der Zauberer Djedi *74*
DRITTER TAG *78*
Sinuhets Flucht und Rückkehr *80*
Der beredte Fellache *89*
Der heldenhafte Pharao *95*
Der Prinz und das Schicksal *100*
VIERTER TAG *116*
Vom Löwen *118*
Das allessehende Geierweibchen
und das alleshörende Geierweibchen *123*
Von den zwei Schakalen *125*
Das Geierweibchen und die Katze *127*
FÜNFTER TAG *130*
Die wundersame Heilung der Prinzessin Bentresch *131*
Der Schatzräuber *138*
Der Zauberpapyrus *146*
Der Weg ins Reich der Toten *159*
Der versiegelte Brief *167*

SECHSTER TAG *179*
Wie der schlaue Wesir den Pharao besiegte *181*
Wie die Mäuse Ägypten retteten *198*
Die schöne Sklavin und der Pharao *200*
AUSKLANG *206*

EINFÜHRUNG

In alten Zeiten, als die Menschen noch keine Buchstaben kannten und stattdessen Bilder malten, als die Eltern ihren Kindern noch keine Märchen erzählten von tapferen Prinzen und schönen Prinzessinnen, von Drachen und Geistern, Tieren, weisen Propheten, bösen Zauberern oder Elfen, also in jenen längst entschwundenen Zeiten tauchte mitten in der glühenden, unendlichen Wüste aus der Tiefe der Jahrtausende ein reiches und ruhmvolles Land, das alte Ägypten auf.

Das geheimnisumwobene ägyptische Land, in dem bis heute große, von Menschenhand erschaffene steinerne Berge gen Himmel ragen, die man Pyramiden nennt, war die Frucht eines doppelten Wunders. Das eine tat die Sonne, die mit ihrer Wärme und ihrem Licht

Menschen, Tiere, Pflanzen und Steine erweckte, und das andere das Wasser des heiligen Flusses Nil, der wie eine Lebensader durch ganz Ägypten fließt und Jahr für Jahr weit über seine Ufer tritt und fruchtbare Schwarzerde anschwemmt.

Die Könige in jenem Land hießen Pharaonen und waren damals mächtiger als alle Könige der Welt. Sie lebten in prächtigen Palästen und bauten riesige steinerne Tempel, in denen die Priester den allmächtigen Sonnengott Re anbeteten.

Damals glaubten die Menschen nämlich, der mächtigste Herrscher der Welt sei der Sonnengott, der alles Geschehen bestimme – über der Erde wie unter der Erde, auf dem Wasser wie unter dem Wasser –, ja, daß er mit seinen Zauberkräften auch ihr, der Menschen Schicksal lenke.

Und sie glaubten auch, daß der allmächtige Re der Vater aller Pharaonen sei und daß diese nach ihrem Tode in dessen goldene Sonnenbarke steigen und mit ihm bis in alle Ewigkeit über den Tages- und Nachthimmel schwimmen.

Zu der Zeit, da unsere Geschichte erzählt, ist der Ruhm des alten Ägyptens bereits am Erblassen, das Reich sieht seinem Untergang entgegen, und seine Jahre und Tage sind gezählt. Und dennoch wird der Nil noch dreißigmal über seine Ufer treten, wird noch dreißigmal Ägypten überschwemmen bis zu jenem Jahr, von dem an wir die Jahre unserer Zeitrechnung zählen.

In Ägypten herrscht die letzte in der langen Reihen der Großen, die dieses Land über drei Jahrtausende hinweg regierten, die Königin der Könige, die kluge und schöne Kleopatra.

Auf dem Nil schwimmt das Schiff mit golden strahlendem Bug und purpurn leuchtenden Segeln. Versilberte Ruder teilen im Rhythmus von Flöten und Gitarren das Wasser. Auf dem Deck, unter einem goldfarbenem Baldachin, ruht in einem Thronsessel die Königin Kleopatra, und neben ihr sitzen auf goldenen Schemeln ihr dreizehnjähriger Sohn, Prinz Ptolemaios Caesarion, und der größte Gelehrte und Weise im Land, der Hofschreiber der Königin.

Wir wollen ihnen ein Weilchen lauschen.

„Mein teurer Sohn, wisse, daß ich dir schon bald die Herrschaft über Ägypten übergeben werde“, sagt die Königin. „Doch das Regieren ist ein schweres Handwerk und will gelernt sein. Ich weiß, daß ich dich gut darauf vorbereiten muß. Deshalb unternehme ich mit dir diese lange Nilfahrt, um dir die Schönheit deines Landes vor Augen zu führen, um dich es achten und lieben zu lehren.“

Und dann wendet sich die Königin an den weisen Mann.

„Du, mein teurer Schreiber, wirst die ganze Fahrt über Lehrer und Erzieher meines Sohnes sein. Ich will, daß er einst ein weiser Mann ist.“

„Mächtige Königin, erhabener Prinz, das ist keine leichte Aufgabe“, erwidert der Hofschreiber. „Weisheit geht Hand in Hand mit Alter und Erfahrung. Bedenkt die Jugend des erhabenen Prinzen!“

„Jeden Tag, wenn die goldene Barke des allmächtigen Re über den Himmel zieht, wirst du dem Prinzen Geschichten erzählen. Bis morgen hast du Zeit zum Überlegen“, bestimmt Kleopatra.

Gemächlich und breit wälzt sich der Strom dahin, um sich dann wieder in schnellerem Lauf zwischen felsigen Ufern hindurchzuzwängen. Gegen Morgen löst sich der bläuliche Dunst über dem Wasser auf, und von den Ufern klingen Vogelgesang und das Zirpen der Zikaden herüber und grüßen auf ihre Weise den neuen Tag.

„Sieh nur, Caesarion!“ ruft da der gelehrte Mann.

In der Ferne zeigen sich die gewaltige Sphinx und die Pyramiden, die sich in uralten Zeiten die Pharaonen noch zu Lebzeiten bauen ließen.

„Unter jenen künstlichen Bergen ist ein Gewirr und Labyrinth von Gängen und Grabkammern, das die Mumie des Pharao und alle Schätze, die er mit ins Grab nahm, vor Räubern schützen soll“, erkärt der Gelehrte dem Prinzen.

Die Steinbrüche in der Ferne liegen leer und verlassen da und lassen das lebhafte Getümmel von einst nur noch ahnen, als hier riesige Quader gebrochen wurden, die dann auf Schiffe geladen und nilabwärts geschifft wurden, zu jenen Stellen, wo man die Blöcke auf hölzerne Sandschlitten umlud und damit zu den Pyramiden- oder Tempelbauten transportierte.

„Ja, mein Sohn, die alten und ruhmreichen Zeiten sind leider vorbei", seufzt die Königin. „Nur der Nil, der Urvater allen Wassers, der strahlende Sonnenball am Himmel – der allmächtige Re – und die glühende Wüste jenseits des grünen Tals werden alles überdauern."

„Ja, mächtige Königin, unser Land ist ewig", stimmt der weise Gelehrte zu. „Und ich weiß jetzt auch, was ich dem Prinzen erzählen werde. Ich werde ihm von unserem Land erzählen. Ich habe alle alten Papyrusrollen studiert, alle Bildschriften, die Hieroglyphen auf den Pyramiden und den Tempelmauern entziffert. Jeden Tag werde ich Geschichten erzählen, Märchen und Legenden von ruhmreichen Taten großer Pharaone, die einander auf dem ägyptischen Thron abwechselten seit der Zeit, da Pharao Menes beide Länder, Ober- und Unterägypten zu einem einzigen Reich vereinte und sich die weiße und die rote Krone mit dem Zeichen der heiligen Schlange, der Kobra, auf den Kopf setzte."

ERSTER TAG

Der Sonnengott Re geht auf und erweckt Erde, Luft und auch die Tiefen des Wassers zu Leben. Die Fische tauchen, angelockt von seinem Licht, aus dem Wasser und weichen vor den versilberten Rudern zurück, die in gleichmäßigem Rhythmus die Wellen des Nil zerteilen. Es weht eine frische Brise, und das Schiff schaukelt sanft. Auf dem Deck unter dem goldfarbenem Baldachin ruht in ihrem goldenen

Sessel Königin Kleopatra, und neben ihr sitzen auf goldenen Schemeln Prinz Caesarion und der Hofschreiber der Königin.

„Seht nur", sagt da Königin Kleopatra, „aus dem östlichen Tor kommt in seiner goldenen Barke mein strahlender Vater Re gefahren."

„Es gibt auf der Welt nichts Schöneres, erhabene Königin", versichert der Schreiber.

„Du hast uns Geschichten aus fernen Zeiten versprochen, verehrter Gelehrter. So erzähle denn. Wisse, ich kann es kaum noch erwarten", bittet Prinz Caesarion.

„Oh, mein Sohn ist ungeduldig. Sieh nur, wie seine Wangen glühen! Und ich selbst bin auch schon neugierig. Sag, was für Geschichten hast du dir für uns bereitgelegt?"

„Mächtige Königin, erhabener Prinz! Heute werde ich Märchen erzählen vom allmächtigen Sonnengott Re und von großen Pharaonen, euren ruhmvollen Vorfahren, die vor so langer Zeit geherrscht haben, daß wir nicht einmal ihre Namen kennen."

DAS FALSCHE URTEIL

In Zeiten, die sich im Dunkel der Jahrtausende verlieren wie das Wasser im Sand, lebten am Ufer des Nil zwei Brüder. Damals wohnte der allmächtige Re noch auf der Erde und herrschte über Ägypten als erster aller mächtigen und berühmten Pharaonen.

Als die Brüder das Mannesalter erreicht hatten, verliebten sie sich beide in die schöne Tochter eines Nachbarbauern. Das Mädchen gab dem Älteren den Vorzug und versprach, seine Frau zu werden.

Den Jüngeren aber quälte der Neid. Und der fraß wie Unkraut in seinem Herzen, daß er Tag und Nacht keine Ruhe mehr hatte. Und er sann und sann, was er dem Bruder antun könne, um selbst die Zuneigung des Mädchens zu erhalten. Und als er sich endlich etwas ausgedacht hatte, lieh er seinem Bruder einen kupfernen Dolch, den er ihm in der Nacht heimlich wieder wegnahm. Am anderen Tag verlangte er den Dolch zurück, und als der Bruder ihn nicht finden konnte, bezichtigte er ihn des Diebstahls. Dann forderte er ihn auf, mit ihm zu dem allmächtigen Re zu gehen, auf daß der ihren Streit entscheide.

Als sich beide Brüder vor dem allmächtigen Re auf die Erde geworfen hatten und Re sie freundlich fragte, was sie zu ihm führe, sagte der jüngere Bruder: „Allmächtiger Herrscher, Herr über Himmel, Winde, Welt und Unterwelt, allmächtiger Re! Gestern habe ich meinem Bruder einen kupfernen Dolch geliehen, und heute will er ihn mir nicht zurückgeben. Er behauptet, ihn verloren zu haben, dabei hat er ihn bestimmt gestohlen. Denn wie kann man einen Dolch verlieren, der so groß ist, daß, wenn man seine Klinge in den Berg Jas stößt, sein Griff die Bäume von Koptos berührt? Deshalb klage ich meinen Bruder des Diebstahls an."

Der allmächtige Re wandte sich an den Angeklagten: „Ist es wahr, daß du deinem Bruder den Dolch nicht zurückgegeben hast?"

„Allmächtiger Re, ich habe mir gestern von meinem Bruder einen kupfernen Dolch geliehen, und heute früh habe ich ihn überall vergeblich gesucht. Ich kann nicht zurückgeben, was ich nicht habe", verteidigte sich der ältere Bruder. „Und wenn der Dolch wirklich so groß wäre, wie mein Bruder behauptet, so hätte ich ihn wohl schwerlich verbergen können."

„Vielleicht hat er ihn im Nil versteckt", fiel der jüngere Bruder dem älteren ins Wort.

„Hast du dir von deinem Bruder den Dolch geliehen?" fragte Re den älteren nochmals.

„Ja", antwortete der unglückliche Jüngling.

„Und hast du ihn zurückgegeben?"

„Nein."

„Also hast du ihn gestohlen!" rief Re. „Und den eigenen Bruder zu bestehlen, ist ein schweres Verbrechen. Welche Strafe verlangst du als Sühne?" wandte sich der Gott an den Kläger.

„Mein Bruder soll mit Blindheit gestraft werden und in meinem Haus als Türsteher dienen", antwortete der jüngere Bruder.

„Es geschehe nach deinem Willen", entschied der allmächtige Re.

Der falsche Bruder glaubte fest, daß das Mädchen sich von dem Blinden ab- und ihm zuwenden würde. Aber er hatte sich geirrt. Das Mädchen blieb dem blinden Jüngling treu. Es pflegte ihn aufopferungsvoll, tröstete ihn in seinem Schmerz und rüstete wie versprochen alles zur Hochzeit.

Als der jüngere Bruder von den Hochzeitsvorbereitungen erfuhr, tobte er vor Zorn und befahl den Dienern, den Türsteher in die Wüste zu führen und den Löwen zum Fraß vorzuwerfen. Und zum Beweis, daß sie seinen Befehl ausgeführt, sollten sie ihm die Gebeine des Toten bringen.

Die Diener aber hatten Mitleid mit dem Armen. Heimlich brachten sie ihn ins Haus des Mädchens und rieten ihr, noch in der gleichen Nacht mit dem blinden Jüngling weit nach Süden zu fliehen. Ihrem Herrn aber zeigten sie die Gebeine eines armen Sünders vor, die sie dem Henker abgekauft hatten. Der jüngere Bruder glaubte ihnen und begab sich sogleich zu dem Mädchen. Doch dieses war spurlos verschwunden und keiner der Nachbarn wußte, wohin.

Im Süden Ägyptens bauten sich der ältere Bruder und das Mädchen ein Haus, in dem sie Hochzeit feierten. Und bald wurde ihnen ein Knabe geboren. Er war ein hübscher und lebhafter Knabe und zudem, wie sich zeigte, auch sehr aufgeweckt und begabt. In der Schule war er von allen der Beste, und in der Schrift und im Kriegshandwerk übertraf er sogar nach kurzer Zeit seine Lehrer.

Der Junge liebte seine Eltern, vor allem den blinden Vater. Er pflegte ihn, brachte ihm das Essen, das die Mutter gekocht hatte, und bereitete ihm labende Getränke.

Die Jahre vergingen, und der Knabe wuchs zu einem Mann heran. Eines Abends, nachdem er den Vater in seinen Sessel gesetzt und ihm einen Schemel unter die Füße gestellt hatte, richtete er die lang unterdrückte Frage an ihn: „Sag, wer hat dich einst geblendet, Vater? Ich will dich rächen!“

„Mein jüngerer Bruder hat mich um mein Augenlicht gebracht“, erwiderte der Vater und erzählte dem Sohn seine traurige Geschichte.

Der Jüngling überlegte nicht lange. Er nahm Fladen, einen Wanderstab, einen Wasserschlauch und auch ein scharfes Schwert, zog seine Sissansandalen an und machte sich auf den Weg. An einem Strick zog er einen starken, stattlichen Stier hinter sich her. Lange wanderte er, bis er zu einer Wiese kam, wo der Hirte seines verlogenen Onkels eine Herde Stiere hütete. Der Jüngling bat den Hirten: „Nimm meinen Stab, meinen Wasserschlauch und dieses Schwert hier und paß auf meinen Stier auf, bis ich aus der Stadt zurück bin."

Viele Monate vergingen, ohne daß der Jüngling wiederkam. Die ganze Zeit über aber kümmerte sich der Hirte redlich um das fremde Tier. Einmal fuhr der jüngere Bruder auf die Weide, um sich am Anblick seiner großen Herden zu ergötzen. Als er den stattlichen, schönen Stier sah, befahl er sogleich dem Hirten: „Bring den Stier morgen zu mir, sein Fleisch wird mir bestimmt schmecken!"

„Ich kann ihn dir nicht geben, denn er gehört mir nicht", wandte der Hirte ein.

„Du weißt sehr wohl, daß alle Tiere mir gehören. Ich habe sie dir anvertraut, und du hütest sie auf meinem Land. Also ist es mein Stier!" rief der jüngere Bruder zornig.

Als der Jüngling in der Stadt erfuhr, daß sich sein Onkel inzwischen seinen Stier angeeignet und ihn sogar geschlachtet hatte, begab er sich auf kürzestem Wege zu dem Hirten.

„Wo ist mein Stier? Ich sehe ihn nicht in deiner Herde."

„Du schaust vergebens nach ihm aus, denn mein Herr hat ihn schlachten lassen. Nimm dir dafür einen anderen."

Doch damit war der Jüngling nicht einverstanden.

„Soviel ich auch suche, ich sehe kein Tier, daß wie das meine mit den Vorderfüßen auf der Insel Amun stehen und dabei seinen Schwanz in das Schilfmeer tauchen könnte. Und welcher deiner Stiere kann an einem einzigen Tag Vater von sechzig Kälbern werden? Ich sehe keinen, der so groß ist wie mein Stier war."

„Du bist wohl von Sinnen?" meinte der Hirte lachend. „Einen so großen Stier gibt es ja überhaupt nicht."

Der Jüngling aber zwang den Hirten, mit ihm zu seinem Herrn zu gehen, und noch am gleichen Tag warfen sich Neffe und Onkel vor dem allmächtigen Re auf die Erde, auf daß der ihren Streit schlichte. Nachdem der Jüngling seine Sache vorgetragen, erklärte Re: „So einen Stier, wie du ihn beschreibst, gibt es ja auf der ganzen Welt nicht."

„Und gibt es vielleicht einen so großen kupfernen Dolch, wie ihn dir vor Jahren mein betrügerischer Onkel beschrieben?" fragte der Jüngling darauf. „Urteile gerecht, denn wisse, ich bin der Sohn jenes Blinden. Halte noch einmal Gericht, und fälle diesmal ein gerechtes Urteil."

„Was hast du dazu zu sagen?" wandte sich Re an den jüngeren Bruder. Der redete sich auf alle mögliche Weise heraus, und als er sah, daß er damit nicht weiterkam, versicherte er selbstbewußt: „Ich schwöre bei allem, was mir heilig ist, schwöre bei dir, allmächtiger Herr der Welt, daß mein älterer Bruder schon viele Jahre nicht mehr unter den Lebenden weilt. Und daß er viel früher gestorben ist, als dieser junge Lügenbold überhaupt das Licht der Welt erblicken konnte. Deine Diener sollen mich des Augenlichts berauben, und ich will als Türsteher am Eingang seines Hauses stehen, wenn mein Bruder, wie dieser Betrüger behauptet, am Leben ist."

Darauf hatte der Jüngling nur gewartet. Er holte seinen blinden Vater und führte ihn vor den allmächtigen Sonnengott.

Als Re den Blinden vor sich sah, erklärte er: „Ich erkenne dich, der du ein geachteter und ehrlicher Mann bist. Vergib mir mein ungerechtes Urteil. Um das grausame Unrecht, das dir durch meine Schuld angetan wurde, wiedergutzumachen, gebe ich dir das Augenlicht und auch die jugendliche Kraft zurück. Dich aber, verlogener Mann, übergebe ich meinen Bütteln. Sie werden dir hundert Peitschenschläge auszahlen, dich blenden und dich dann zum Haus deines älteren Bruders führen. Dort wirst du bis zu deinem Tod als Türsteher dienen. Du selbst hast dein Urteil gesprochen."

Weil es aber noch viele Menschen gab, die es dem falschen Bruder gleichtaten, entflammte der allmächtige Gott Re in gerechtem Zorn und siedelte von der Erde in die himmlischen Gefilde über, wo er bis heute in seiner goldenen Barke schwimmt.

DER SEEFAHRER UND DIE INSEL DER WUNDER

In uralten Zeiten, als die Schlangen noch einen König hatten, der der menschlichen Sprache mächtig war, hielt einmal vor dem Pharaonenpalast eine vollbeladene Wagenkarawane, und ihr Herr, ein Fremder in Kaufmannskleidung, ließ sich bei dem Hofmeister melden.

„Edler Herr", sprach der Mann, als ihn die Diener zu dem Hofmeister geleitet hatten, „ich bringe deinem Herrscher, dem mächtigen

Pharao, Schätze von der Insel der Wunder. Sie sind eine Geschenk des Schlangenkönigs und von unschätzbarem Wert. Ich verlange dafür lediglich, vor das Antlitz des Herrschers zu treten, ihm meine wundersamen Abenteuer erzählen und die Grüße des Schlangenkönigs übermitteln zu dürfen."

„Du bist kühn, fremder Pilger", erwiderte der Hofmeister. „Du gefällst mir. Ich glaube dir wohl, daß du kostbare Geschenke und die Grüße des Schlangenkönigs überbringen willst. Doch wisse, die Zeit unseres Herrschers ist sehr kostbar. Erst will ich selbst mir deine Geschichte anhören. Und wenn sie hält, was du versprichst, so werde ich dich persönlich zu unserem Pharao führen."

„Es mag etwa ein halbes Jahr her sein", begann der Fremde zu erzählen, „als ich das ägyptische Festland verließ und an Bord eines Schiffes aufs Meer fuhr, um im Dienste unseres mächtigen Pharao die königlichen Bergwerke im Süden zu besichtigen. Es war ein gutes, festes Schiff, und seine Besatzung bestand aus hundertzwanzig von den besten ägyptischen Seeleuten. Ihre Herzen waren tapferer als Löwenherzen und ihre Erfahrungen weder mit Gold noch mit Edelsteinen aufzuwiegen. Noch bei herrlichem Sonnenschein wußten sie ein nahendes Unwetter oder Sturm und Regen vorherzusagen.

Wir waren viele Tage auf See, viele Wochen, und es blies ein günstiger Wind. Eines Tages aber erwarteten wir ein Gewitter. Es gelang uns nicht mehr, rechtzeitig Land zu erreichen, und der Sturm wühlte das Meer auf. Wie Löwen kämpften wir gegen die Gewalten an, aber vergebens. Unter ohrenbetäubendem Krachen von Donner und Meereswellen wurde das Schiff auf ein Riff geschleudert, und die ganze Besatzung ertrank. Nur ich allein wurde wie durch ein Wunder gerettet. Ich konnte mich auf eine Holzplanke ziehen, und an der klammerte ich mich fest. Am Morgen warf mich die Flut halberfroren auf einen fremden Strand.

Drei Tage lag ich zu Tode erschöpft unter der ausladenden Krone eines Baumes. Die einzigen Gefährten in meiner Einsamkeit waren der Schatten des Baumes, der mich vor der glühenden Sonne schützte, und mein Herz, das leben wollte. Schließlich zwangen mich Hunger und Durst, mich zu erheben. Ich befand mich auf einer Insel, die ringsum von der unendlichen Meeresfläche umgeben war. Zum Glück gab es dort Obst in Hülle und Fülle. Es wuchsen hier Feigenbäume und schlanke Dattelpalmen, und alle hingen voll duftender Früchte. Auf der Erde lagen große, saftige Melonen und Gurken, als hätte jemand sie gepflanzt. In den Bächen wimmelte es von Fischen, und in der Luft flogen bunte Vögel und sangen gar prächtig. Das sattgrüne Gras war übersät von leuchtenden Blumen in allen Farben, die man sich nur denken kann. Nirgends aber war eine Menschenseele, die dies gepflanzt hatte und ernten möchte.

In pflückte soviel Früchte wie ich nur konnte und aß mich satt. Dann machte ich Feuer und wollte dem allmächtigen Re ein Opfer bringen, weil ich alle Gefahren bei gesundem Leibe überstanden hatte.

Indes aber hörte ich hinter mir schreckliches Getöse und glaubte nicht anders, als daß ein neuer Sturm heranbrause, die Insel und mich zu verschlingen. Die Bäume schwankten, und die Erde unter meinen Füßen bebte. Aus Angst schlug ich die Hände vors Gesicht. Und nie werde ich das Grauen vergessen, das mich packte, als ich dann doch einen Blick wagte. Ich sah eine riesige Schlange, die auf mich zukroch. Sie war wohl an die dreißig Ellen lang und hatte einen Bart, länger als eine Kriegslanze. Der starke Leib war mit goldenen Schuppen besetzt, nur um die Augen, die leuchteten, waren die Schuppen blau. Ich warf mich auf den Bauch und wagte kaum zu atmen.

Die Schlange ringelte sich um mich, hob den Kopf hoch über mich und zischte: ‚Was hat dich hierher geführt? Sag, was suchst du auf meiner Insel? Sprich, wenn du nicht willst, daß ich dich zu einem Häufchen Asche versenge und niemand dich je wieder zu Gesicht bekommt! Der König aller Schlangen will deine Antwort hören!‘

Vor Furcht und Schrecken brachte ich kein Wort heraus. Darauf öffnete das Ungeheuer sein Maul, packte mich behutsam mit den

Zähnen und kroch mit mir in seine Höhle. Dort legte es mich auf die Erde. Die Angst würgte mich, doch ich war heil und unverletzt.

Die Schlange sprach: ‚Wer hat dich hierher gebracht, wo ringsum nichts als Meer ist?'

Endlich faßte ich Mut, kniete vor der Schlange nieder, beugte den Kopf bis zur Erde und erzählte, was mir widerfahren.

‚Fürchte dich nicht', beruhigte mich die Schlange, als sie alles erfahren. ‚Vertreibe die Angst aus deinem Herzen und die Blässe von deinen Wangen. Du bist zu mir gekommen, und ich werde dich beschützen. Danke dem allmächtigen Re, daß er dich auf die Insel der Wunder geführt hat, wo es alles gibt, was die Welt an Schätzen und Reichtümern aufzubieten hat. Höre, was dich erwartet: Ein Monat nach dem anderen wird dahinschwinden, und wenn sich der vierte seinem Ende zuneigt, wird in der Ferne ein Schiff aus deiner Heimat auftauchen mit Seefahrern, die du kennst. Du wirst mit ihnen heimkehren, deine Frau und deine Kinder wiedersehen und dereinst in deinem Heimatdorf sterben. Nun aber will ich dir von meinem Unglück erzählen, das dem deinen in so vielem ähnelt. Wisse, ich war nicht immer allein auf der Insel. Mit mir lebten hier meine Brüder und Schwestern und Kinder, alle aus dem königlichen Schlangengeschlecht, das eurer menschlichen Sprache mächtig ist. Am meisten liebte ich mein jüngstes Töchterchen. Sie war meine Augenweide, die Freude meines Lebens. Einmal, als ich gerade am anderen Ende der Insel aus der Höhle der Schlangenschätze kroch, sah ich vom Himmel ein riesiges Feuer auf die Erde herabstürzen. Ich eilte zu meinen Lieben, aber ich kam zu spät. Alle waren in den Flammen des brennenden Sterns verbrannt, der vom Himmel gefallen war. Ich meinte, vor Schmerz sterben zu müssen, als ich nur noch ein Häufchen Asche vorfand. Und siehst du, ich habe mein schreckliches Leid überlebt. Auch du wirst deinen Kummer und deinen Schmerz überstehen, wenn du nur tapfer bist. Beweine deine unglücklichen Gefährten und freue dich auf das Wiedersehen mit deinen Lieben.

Glaube mir, du wirst Frau und Kinder umarmen und dein Vaterhaus wiedersehen.'

Ich bedankte mich bei der Schlange für die tröstlichen Worte, verneigte mich ehrerbietig bis zur Erde und sagte: ,Ich werde dem mächtigen Pharao, dem Herrscher Ägyptens und Herrn der Welt, von dir erzählen. Ich werde ihm von der Insel der Wunder berichten und von deiner Güte, Großherzigkeit und Tapferkeit. Und dann lasse ich Frachtschiffe beladen mit duftenden Ölen, Salben, Weihrauch und den kostbarsten Dingen, die Ägypten besitzt, und schicke sie dir, dem großen Freund Ägyptens, den die Ägypter zwar nie gesehen, den sie aber lieben und bewundern werden. Und ich werde Stiere und Geflügel schlachten und sie dem allmächtigen Re opfern, auf daß er dich beschütze und liebe.'

Die Schlange aber erwiderte lächelnd: ,,Ich habe dir ja schon gesagt, daß meine Insel reich gesegnet ist mit allen Früchten der Erde, seltenen Pflanzen, Tieren und Edelsteinen. Ihre unendlichen unterirdischen Gefilde bergen die größten Reichtümer der Welt. Wozu solltest du die Schätze deines Landes auf die ferne Insel schikken, wo sie doch nicht mehr wären als ein Tropfen im Meer. Und du würdest auch den Weg hierher vergebens suchen, niemals mehr wirst du die Insel finden. Sobald du mich verläßt, werde ich aufs Festland ziehen, zu meinem Schlangengeschlecht, und die Insel wird im Meer versinken. Kein Mensch bekommt sie je wieder zu Gesicht.'

In der ersten Zeit fühlte ich mich auf der Insel wohl und war glücklich. Ich führte ein Leben, wie ich es mir nie erträumt hatte. Den ganzen Tag badete ich im Meer, sonnte mich am Strand, labte mich an den saftigen Früchten der mannigfaltigen Obstbäume. Gegen Abend fing ich mir Wild oder Fische und bereitete mir aus ihrem zarten Fleisch ein schmackhaftes Essen. Später aber litt ich unter der Einsamkeit. Ach, wie sehr wünschte ich mir, mit einem Menschen sprechen zu können, wieder ein menschliches Gesicht zu sehen. Wie sehnte ich mich nach meiner Heimat, nach meiner Frau und meinen Kindern. Würde ich sie je wieder in meine Arme schließen können?

Ein Monat nach dem anderen verging, und immer häufiger kletterte ich auf einen hohen Baum am Strand, um die weite Wasserfläche nach einem Schiff abzusuchen. Endlich tauchte nach langer Zeit am Horizont ein Schiff auf, das auf unsere Insel Kurs hielt. Und bald konnte ich sogar die Gesichter der Besatzung erkennen. Im Nu eilte ich zu der Schlange, ihr die Neuigkeit zu verkünden.

‚Ich weiß, was du mir mitteilen willst', empfing mich der Schlangenkönig. ‚Ein Schiff aus deinem Land ist gekommen, und du hast darauf Bekannte entdeckt. Ich wünsche dir eine glückliche Heimfahrt. Grüße den mächtigen Pharao von mir und auch dein Heimatland. Und nun komm mit mir!' forderte mich die Schlange auf.

Sie kroch vor mir her, mir mit dem riesigen Leib einen Weg ebnend zwischen Geröll und Gesträuch, bis wir schließlich das andere Ende der Insel erreicht hatten. Vor einem großen Felsen machten wir halt, und die Schlange zischte dreimal laut. Da teilte sich der Fels und gab den Eingang in die Schatzhöhle des Schlangenvolkes frei. Die Höhle zog sich ins Unendliche hin, und ihre Wände funkelten von Gold, Silber und Edelsteinen, daß mir die Augen übergingen. Hier gab es alles, was man sich nur denken kann, in unvorstellbarem Überfluß. Die Schlange schenkte mir eine Fülle an Duftölen, kostbarem Weihrauch, Augenfarbe, Giraffenschwänzen, Elfenbein, Edelholz und Perlen. Und dazu noch ein Rudel Jagdhunde und eine Herde Paviane und Affen. Ich kniete vor der Schlange nieder und bedankte mich für die kostbaren Geschenke.

‚In zwei Monaten wirst du zu Hause sein und Frau und Kinder umarmen, und dein Herz wird wieder jung werden vor Freude. Wenn du dereinst deine Augen für immer schließt, werden dich deine Kinder in der Heimaterde begraben', sprach der Schlangenkönig.

Ich verabschiedete mich und lud alles auf das Schiff. Als wir ablegten, winkte ich der Schlange solange zu, bis sie meinen Blicken entschwand.

Wir hielten ständig Kurs nach Norden, und nach zwei Monaten erreichten wir glücklich Ägypten und legten im Hafen an. Dann eilte ich auf kürzestem Wege hierher in die Residenzstadt.

Ich bitte dich, edler Herr, führe mich zu dem mächtigen Pharao – Gesundheit und Glück seien ihm beschieden bis in alle Ewigkeit! Ich möchte ihm mein Abenteuer erzählen und ihm die kostbaren Geschenke des Schlangenkönigs zu Füßen legen."

„Das ist wahrhaft eine unglaubliche Geschichte, der unser mächtiger Pharao sicher gern Gehör schenken wird", antwortete der Hofmeister. „Komm mit mir, und wisse, daß dich unser Herrscher reich belohnen wird."

Der Pharao lauschte mit angehaltenem Atem der ungewöhnlichen Erzählung. Als Lohn für seine treuen Dienste und die Geschenke von der Insel der Wunder wies er dem Seefahrer eine Wohnung im königlichen Palast an und verlieh ihm das hohe Amt eines Flottenbefehlshabers.

LOTOS UND PAPYRUS

In alten Zeiten, als unsere Vorfahren glaubten, daß der Mensch nach seinem Tod in Gestalt eines Tieres, einer Pflanze oder eines Baumes weiterlebt, wohnte in einem schattigen Hain am Nilufer ein alter Gärtner.

Rings um sein Haus hatte er einen wunderschönen Garten angelegt von unbeschreiblicher Farbenpracht und voller berauschender Düfte. Palmen gab es in dem Garten und Wein, Oliven, Feigenbäume, Zypressen, Apfelsinen und Granatäpfel. Alles, was der allmächtige Re dem ägyptischen Land geschenkt, das wuchs und gedieh hier.

Hundert Jahre schon versah der Gärtner seine Arbeit, drei Frauen hatte er in der Zeit zu Grabe getragen, und noch immer erhielt Re ihm Kraft und Atem, ganz, als hätte der Tod ihn vergessen. Und dabei hätte der Alte doch so gern ein anderes Leben kennengelernt.

Die letzte Frau hatte dem Gärtner zwei Töchter hinterlassen, so lieblich, daß man weit und breit ihre Schönheit und Anmut rühmte und die Jünglinge aus der ganzen Umgebung sich mit dem Gedanken trugen, um ihre Hand anzuhalten. Ja, sogar bis zum Hof des mächtigen Pharao war die Kunde von den schönen Jungfrauen gedrungen.

Und so erschienen eines Tages Abgesandte des Pharao bei dem Gärtner und verlangten seine Töchter zu sehen. Sie waren von deren Anblick derart überwältigt, daß sie sie sogleich mitnehmen wollten in den Palast, wo sie der Gemahlin des Pharao zu Diensten sein sollten. Die Schwestern aber waren inmitten der Blumen glücklich und wollten ihren alten Vater, der sie in seine Kunst einweihte, nicht allein lassen. Niemand weiß, wie es dem Gärtner gelang, den Männern ihr Ansinnen auszureden, jedenfalls zogen die Höflinge wieder ab, über die Maßen verwundert, daß der alte Gärtner ein solches Glück ausschlug, wo doch andere ihnen von früh bis spät in den Ohren lagen und wer weiß was dafür gegeben hätten, ihre Töchter bei Hofe unterzubringen.

Der Herbst kam heran. Würde der Nil auch in diesem Jahre den Bauern gnädig sein und mit seinen Wassern freigebig Ufer und Felder überschwemmen? Denn wenn der Nil steigt, so verspricht er Nahrung genug für das ganze Land.

Doch diesmal stieg der Fluß zum Leidwesen aller nur ganz gering über seine Ufer. Die Menschen flehten den allmächtige Re an, ihnen zu helfen und den Strom aus seinem Bett zu drängen, aber vergebens. Der lebenspendende Nil stieg um keinen Fingerbreit weiter.

Die Priester redeten den Bauern ein, daß der mächtige Gott Chnum, Res jüngerer Bruder, der im Nil hause, ein Menschenopfer verlange. Und schließlich beschlossen sie, dem Gott ein junges Mädchen zu opfern, das schönste im ganzen Niltal, um so den mächtigen Chnum umzustimmen und seine Gunst zurückzuerlangen. Sie hatten noch gut die Vermessenheit des alten Gärtners in Erinnerung, der sich damals geweigert hatte, seine Töchter an den Hof zu schicken. Diesmal würde er nicht ablehnen können!

Sie kamen zu dem Alten und führten die jüngere Tochter davon. Die ältere lief ihnen nach und bat, ihre Schwester begleiten zu dürfen. Und auch der jammernde Gärtner schloß sich dem traurigen Zug an.

Am Fluß war schon viel Volk zusammengekommen, und auf einem Felsen, der hoch über dem Nil aufragte, hatten sich die Priester versammelt und sangen Lobgesänge zu Ehren des mächtigen Gottes Chnum.

„Sei gegrüßt, o großer und mächtiger Chnum!“ riefen sie, und das Volk sang dazu im Chor: „Sei gegrüßt, o großer und mächtiger Chnum, der du uns jedes Jahr des Lebens Reichtum bescherst! Erbarme dich unser und gib uns wieder Hoffnung auf Leben und Glück!“

Dreimal wiederholten die Priester ihren Gesang, dann aber streckten sie die Arme aus über dem Fluß.

Die jüngere Schwester lag auf einem Felsvorsprung, eng umschlungen von der älteren. Nach einer Weile trat der oberste Priester zu ihnen, reckte die Hände zum Himmel auf und wiederholte die Beschwörung. Dann winkte er den Sklaven, die jüngere der Schwestern zum Abgrund zu tragen. Doch als die ihr Opfer aufheben wollten, da sahen sie, daß beide Mädchen tot waren. Keiner von ihnen hatte die kleine grüne Schlange bemerkt, die eben schnell in eine Felsspalte schlüpfte.

Entsetzt lief das Volk auseinander. Und auch die Priester verließen fluchtartig den grausigen Ort.

„Der allmächtige Chnum hat unser Opfer nicht angenommen!" riefen alle.

Der Gärtner trug seine Töchter in seinen Garten, wo er sie schweren Herzens begrub und auf die beiden Gräber seine schönsten Blumen pflanzte.

Wie erstaunt aber war er, als er im nächsten Frühjahr auf dem Grab seiner jüngeren Tochter eine Blüte fand, die selbst ihm unbekannt war. Schneeweiß war sie und ähnelte einer riesigen Lilie. Von weit und breit kamen die Menschen und verneigten sich vor der seltsamen Blume, der die weisen Männer den Namen Lotos gaben.

Auf dem anderen Hügel, unter dem die ältere Tochter begraben war, wuchs eine schöne Staude mit einer hellen Krone. Die Gelehrten nannten sie Papyrus, und auf die Rollen, die sie aus ihr herstellten, schrieben sie all ihre Weisheiten nieder.

WIE EIN BAUER PHARAO WURDE

In Zeiten, die längst der Wüstenwind verweht, lebten in unserem Land zwei Brüder, Anubis, der ältere, und Bata, der jüngere. Sie lebten in einer Lehmhütte am Ende eines Dorfes, weit weg von der Pharaonenstadt. Ihre Eltern waren schon vor Jahren gestorben, und so hatte Anubis den jüngeren Bruder aufgezogen.

Anubis und Bata waren Bauern. Von früh bis spät arbeiteten sie auf dem kärglichen Feld, das sie ihr eigen nannten. Unter der glühenden Sonne schritten sie hinter den beiden Stieren her, pflügten mit

der Pflugschar die schwarze Erde und säten in die Furchen Roggen, Weizen, Rettich, Hirse oder Bohnen.

Nach der Aussaat plagten sie sich mit der Bewässerung ab, hackten tagelang die schmalen Gräben auf, um das Wasser aus dem Kanal auf ihr Feld zu leiten. Zweimal im Jahr säten sie, und zweimal ernteten sie.

Als beide Brüder zu Männern geworden, verliebte sich Anubis in die anmutige Nedschemet, eine Bauerntochter von der anderen Seite des Flusses, und hatte nichts anderes mehr im Sinn als seine Angebetete.

Und so stieg Anubis eines Tages in sein Boot, fuhr zum anderen Ufer hinüber und bat den Vater der bezaubernden Nedschemet um die Hand seiner Tochter. Nedschemets Vater überlegte nicht lange und versprach ihm seine Tochter.

Schon am nächsten Abend, als die flimmernden Sterne über den nachtdunklen Himmel wanderten, sang Anubis seiner Auserwählten leise ein Lied. Doch sein Lied ließ das Herz der schönen Nedschemet nicht schneller schlagen. Der Sänger war nämlich ganz und gar nicht nach ihrem Geschmack.

Ja, wenn das Lied der jüngere Bata mit seiner samtweichen Stimme gesungen hätte, sie würde mit angehaltenem Atem gelauscht haben und mit wild schlagendem Herzen, und des Nachts hätte sie von Batas Küssen geträumt. Doch was konnte sie machen? Der Vater hatte sie Anubis versprochen. Ja, sie waren auch schon übereingekommen, wieviel Gold Anubis dem Vater für sie bezahlen sollte, wieviel Maß Gerste, Weizen und Roggen und ob er dazu noch einen jungen Stier geben würde oder eine Kuh. Auch der Hochzeitstag war schon bestimmt, und das alles, ohne daß jemand sie um ihre Meinung gefragt hätte.

Anubis hatte als der älteste Sohn vom Vater die Hütte geerbt, alles Vieh und Landgerät, den Stall und auch das kleine Feld. Und wenn dereinst Nedschemets Vater seine Augen für immer schließt und sein Grund und Boden Anubis zufällt, dann wird er der reichste Bauer weit und breit, während Bata bei seinem Bruder nur fürs tägliche Brot und ein Dach über dem Kopf arbeitet. Wovon sollte er eine Braut bezahlen? Und wo sollten sie wohnen? Deshalb fand Nedschemet auch nicht den Mut, mit dem Vater von ihrer Liebe zu Bata zu sprechen.

Und außerdem beachtet Bata sie gar nicht, hat ihr nie einen Blick zugeworfen. Vielleicht weiß er gar nicht, daß es eine Nedschemet gibt, die in der Hütte am anderen Ufer lebt und die sein Bruder heiraten wird. Nein, Nedschemet fand an Anubis keinen Gefallen. Aber als seine Frau würde sie Bata jeden Tag sehen und in seiner Nähe sein.

Nach der Hochzeit veränderte sich das Leben der beiden Brüder. Sie brauchten nicht mehr selbst Wasser aus dem Fluß zu holen, brauchten nicht das Korn zu mahlen und bis spät in die Nacht ihre Kleider zu waschen und zu flicken.

Und Nedschemet kochte köstliche Gerichte, deren verlockender Duft sich mit dem der Blumen in den Vasen vermischte. Zu jedem Abendessen tranken die Brüder Rotwein, leicht und süß wie ein Frühlingshauch.

Dann nahm Nedschemet ihr Sistrum und spielte darauf wehmütige Melodien, die sie in tiefen, kräftigenden Schlaf wiegten. Denn schon früh ging die Sonne auf, und die beiden Brüder würden wieder den ganzen Tag hart auf dem Feld arbeiten müssen.

Bata war fleißig und stets bereit, anderen zu helfen. Und so war es kein Wunder, daß das Auge des allmächtigen Re mit Wohlgefallen auf ihm ruhte und der Sonnengott beschloß, den braven Jüngling zu belohnen. Eines Nachts hatte Bata einen gar seltsamen Traum, in dem ihm ein weißhaariger Greis erschien und also zu ihm sprach: „Wisse, Bata, ich bin der allmächtige Re, dein Herr, und will dich belohnen für deinen Fleiß und Edelmut. Sage, wonach es dich verlangt, und ich werde dir deinen Wunsch erfüllen."

Bata antwortete, ohne auch nur einen Augenblick zu überlegen: „Ich möchte die Sprache der Stiere verstehen, meiner treuesten Freunde, und mit ihnen sprechen können."

„Es geschehe", sprach der Alte und verschwand.

Von jenem Morgen an verstand Bata seine Stiere und konnte sich mit ihnen unterhalten.

Bata liebte die Stiere. Wenn er hinter ihnen herschritt, hörte er aufmerksam zu, wovon sie sprachen. Und hörte er sie sagen, daß an dieser oder jener Stelle ein Stückchen weiter das Gras saftiger und schmackhafter sei, so trieb er sie dorthin, wohin sie gewollt hatten, und die Stiere wuchsen und gediehen, und, was das wichtigste war, sie waren stark und gesund und bewältigten die schwersten Feldarbeiten mit Leichtigkeit.

Dann kam die Zeit, in der der Nil jedes Jahr über seine Ufer steigt und das Land mit seinem lebenspendendem Wasser überschwemmt.

Kaum war der Strom wieder gesunken und begann die Erde langsam zu trocknen, da spannten die Brüder die Stiere vor den hölzernen Pflug und machten sich daran, auf ihrem Acker das Korn auszusäen, das sie in Säcken mitgenommen hatten.

Aber schon waren die Säcke leer, und dabei war ein großes Stück Acker noch unbestellt. Da befahl Anubis seinem jüngeren Bruder, nach Hause zu laufen und seiner Frau zu bestellen, sie solle ihm aus der Saatkammer Korn abmessen und mitgeben.

Kaum hatte Bata den Wunsch des Bruders vorgetragen, reichte Nedschemet ihm den Schlüssel zur Kornkammer und sagte mit bebender Stimme: „Geh schon voraus, Bata, und nimm dir das Korn.“

Bata schloß also die Kornkammer auf, füllte die Säcke, drehte sich um und erstarrte: Vor ihm stand Nedschemet, jung und schlank, in einem durchsichtigen, knöchellangen Gewand.

„Bata“, flüsterte Nedschemet. „Wie eine Pflanze in der Wüste nach Wasser verlangt, so verlangt es mich schon lange nach dir. Komm, ich will dich umarmen und küssen, komm mit mir ins Haus!“

Doch Bata schob Nedschemet von sich, hob die Säcke auf, lud sie sich auf den Rücken und schritt langsam davon.

Die Sonne sank schon zu dem westlichen Berg hinab, als die Brüder die letzte Furche gepflügt und gesät hatten.

„Ich gehe jetzt nach Hause“, erklärte Anubis. „Reinige noch den

Pflug und verstecke ihn an einer sicheren Stelle. Dann tränke die Stiere und bringe das restliche Korn mit. Aber halte dich nicht lange auf, du weißt ja, daß sich Wüstenräuber in der Gegend herumtreiben."

Dann eilte Anubis nach Hause. Doch Nedschemet stand nicht wie sonst vor der Tür, um ihn zu begrüßen und ihm die Hände zu waschen, ehe er in das hell erleuchtete Haus trat. Alles war dunkel. Voller Befürchtungen ging er ins Haus und machte eine Öllampe an. Da lag Nedschemet, das Haar zerzaust, das Gesicht lehmverschmiert und mit blutenden Kratzern am Arm.

„Wer hat dir das angetan?" rief Anubis entsetzt.

„Wer sonst, als dein jüngerer Bruder Bata, als er das Korn geholt hat", log die Frau. „Er verlangte von mir, daß ich ihn umarme und küsse. Ich aber wies ihn empört zurück und rief: ‚Wie kannst du es wagen, mich so zu beleidigen. Mich, die Frau deines älteren Bruders, der dich wie ein Vater aufgezogen und für dich sorgt wie für den eigenen Sohn!'

Da stürzte er sich wie von Sinnen auf mich und schlug rasend auf mich ein und zerrte mich an den Haaren. Ach, Anubis, räche meine Schande und meinen Schmerz!"

Da packte Anubis unmenschlicher Zorn. Er nahm einen scharfen Speer und versteckte sich damit hinter der Stalltür, um hier dem Bruder aufzulauern, wenn der mit den Stieren vom Feld heimkommen würde.

Als erster betrat einer der Stiere den Stall und warnte Bata, kaum daß er Anubis entdeckte: „Bata, dein Bruder steht hinter der Tür und hält einen scharfen Speer in der Hand!"

Indem rief auch der zweite Stier: „Flieh, Bata, fliehe mein Freund. Anubis zielt schon mit dem Speer auf dich!"

Bata warf einen Blick unters Tor, und als er dort die Füße seines Bruders sah, warf er den Korb mit Heu und das Reisigbündel weg und rannte davon. Und Anubis mit dem Speer ihm nach.

Bata war schneller, Anubis wiederum ausdauernder. Es dauerte nicht lange, und der Abstand zwischen den Brüdern verringerte sich zusehends. Der unglückliche Bata fühlte, wie seine Kräfte nachließen. Verzweifelt schaute er zur Sonne auf und flehte den allmächtigen Re um Hilfe an.

Da ergoß sich plötzlich zwischen den Brüdern ein breiter Strom voller Krokodile. Beide Brüder blieben stehen und sahen einander über den Fluß hinweg in die Augen.

„Warum verfolgst du mich, Bruder?“ rief Bata hinüber. „Warum willst du mich töten? Glaube mir, ich habe dir nie Böses gewollt.“

„Weh über dich, falschzüngiger Bruder!“ rief Anubis. „Du hast meine Frau beleidigt, hast sie schamlos belästigt und sie schließlich unbarmherzig mißhandelt. Und dabei war sie immer so gut zu dir!“

„Du tust mir bitteres Unrecht!“ rief Bata unglücklich. „Du hast nur Nedschemet angehört und glaubst den Worten dieser falschen Frau, weil sie dich mit ihrer Schönheit betört hat.“

Und Bata berichtete dem Bruder wahrheitsgetreu, wie sich alles abgespielt hatte. Nichts verschwieg er.

„Und der Beweis, daß ich die Wahrheit spreche, ist dieser Fluß voller Krokodile“, sprach Bata da. „Der allmächtige Re hat ihn zwischen uns gelegt, um mich zu schützen und dich vor einem Brudermord zu bewahren.“

Anubis brauchte eine Weile, um alles, was er soeben gehört, zu fassen. Er dachte an die glücklichen Tage zurück, die er mit Bata verlebt hatte, und sein Zorn war verflogen.

„Vergib mir, Bruder, verzeih mir mein Mißtrauen“, bat Anubis sodann. „Ich schäme mich für mein Verhalten. Komm, wir wollen nach Hause gehen und wieder in Eintracht zusammenleben, wie es sich für Brüder gehört.“

„Nein, Bruder. Du weißt selbst, daß das unmöglich ist“, erwiderte Bata. „Eine einzige Lüge galt dir mehr als meine Liebe und Treue und ließ dich im Augenblick vergessen, was wir einander bedeutet. Geh nach Hause und sei gut zu meinen Stieren. Ich kann nicht länger bei dir leben. Der allmächtige Re, mein edler Beschützer, hat bestimmt, daß ich ins Tal der Zedernhaine ziehen soll, um dort mein Herz und damit auch mein Leben im höchsten Wipfel einer mächtigen Zeder zu verbergen. Solange die Zeder stehen wird, werde ich leben, und niemand wird mich überwinden können. Wenn aber jemand kommt und die Zeder fällt, so werde ich im gleichen Augenblick zu Boden stürzen und in tiefen Schlaf fallen, halbtot und halblebend.

Wenn du eines Tages den Becher zum Munde hebst und das Getränk darin aufschäumt, so wisse, daß jene böse Stunde geschlagen hat und dein Bruder halbtot und halblebend im Tal der Zedernhaine liegt und deiner Hilfe bedarf. Dann eile auf schnellstem Wege dorthin. Du mußt meine Zederblüte finden, selbst wenn du sie lange suchen solltest. Wenn du sie gefunden hast, tauche sie in eine Schüssel mit kühlem Quellwasser, und ich werde wieder auferstehen, um Rache zu üben an dem, der mir das schlimmste Leid zugefügt."

Traurig sah Anubis vom anderen Ufer dem jüngeren Bruder nach, bis der in der Ferne seinem Blick entschwunden war. Dann ging er nach Hause und jagte die falsche Frau davon. Anubis wirtschaftete allein weiter und wartete auf ein Zeichen von seinem Bruder.

Lang und beschwerlich war Batas Weg zu dem Tal der Zedernhaine. Zuerst führte er durch grünes Wiesenland, wo Kühe, Schafe, Ziegen und Esel weideten. Dann in das Land der sieben Wasserarme und unzähliger Flüsse und Kanäle. Er pilgerte von einem Ort zum anderen, bis er zu den steilen Bergen kam. Und als er auch die überwunden hatte, da lag vor ihm ein gelbes, endloses Sandmeer, das sich hob und senkte wie mächtige Wellen. Sieben Tage schleppte er sich durch die Wüste, sieben Tage quälten ihn Hitze, Hunger und Durst, bis er endlich einen grünen Gürtel vor sich sah, das Tal der Zedernhaine. Und in der Ferne dahinter schimmerte im Nebeldunst das weite, blaue Meer.

Schnell lief er hinunter ins Tal, badete in einem kleinen Waldsee und trank das kühle, kristallklare Wasser. Dann suchte er sich die höchste und stärkste Zeder aus, kletterte hinauf, nahm sich das Herz aus der Brust und versteckte es in der höchsten Blüte des Baumes.

Unweit der Zeder, deren Wipfel er sein Herz anvertraut, baute sich Bata ein Haus und darin aus Zedernholz Bett, Stuhl, Tisch und Truhe. Und jeden Morgen, wenn der goldene Sonnenball, der allmächtige

Re, in seiner strahlenden Barke über den Himmel schwamm, huldigte und lobpreiste er Re.

Der allmächtige Sonnengott Re hatte den tapferen und braven Bata von Herzen gern. Doch wenn er seinen Schützling sah, wie er unter der Einsamkeit litt und sich grämte, wurde er selbst so traurig, daß ihm die Tränen kamen. Und eine seiner Tränen fiel auf die Erde hinab und verwandelte sich, kaum daß sie diese berührt, in die schönste Frau der Welt. Bata verschlug es den Atem, als sie plötzlich vor ihm stand.

„Ich heiße Taischek", sagte die wunderschöne Jungfrau. „Mein Vater, der mächtige Sonnengott Re, schickt mich zu dir. Er wünscht, daß ich deine Frau werde. Nimm mich auf in dein Haus, und ich werde dir stets ein treues und liebendes Weib sein."

Bata wollte seinen Augen nicht trauen. Vor ihm stand die lieblichste Frau der Welt, eine Tochter des allmächtigen Re, und ihr Vater selbst hatte sie ihm zur Frau bestimmt. Er atmete tief und sagte dann: „Sei willkommen in meinem Haus. Gern erfülle ich den Wunsch deines edlen Vaters. Und wisse, liebe Taischek, daß ich der glücklichste Mann auf Erden sein werde.

Bist du doch schöner als alle Mädchen,
die je sich gespiegelt im Wasser des Nil.
Dein Haar ist schwärzer als des Raben Gefieder,
dein Blick ist sanfter denn die Augen des Rehs,
wenn es sich sehnt nach seinem Gefährten.
Die Palme neidet dir deinen schlanken Wuchs.
Und die Blüte des Lotos deine Anmut."

Bata war überglücklich, in seinem Haus eine Frau zu wissen, die er liebte und die ihn jeden Tag von der Jagd zurückerwartete. Er brachte Taischek das erlegte Wild, erzählte ihr von der Jagd, von seinen Freunden, den Stieren, von der schweren, mühseligen Arbeit des Bauern und auch von seinem älteren Bruder Anubis und dem bösen Vorfall, der beide Brüder entzweit. Und er erzählte ihr auch von seinem Herzen in der höchsten Blüte der hohen Zeder.

„Sollte es aber jemandem gelingen, die Zeder zu fällen, so stürze auch ich im gleichen Augenblick zu Boden und werde weder tot noch lebendig sein. Nur mein Bruder Anubis kann mich retten, wenn er geduldig und tapfer ist."

Dann legte er seiner Frau ans Herz, ja nie das Haus zu verlassen: „Hüte dich vor dem Meer, Taischek, es könnte dich davontragen. Und wenn es dich nicht davonträgt, so wird es zumindest unser Versteck verraten, und dann bricht das Unglück über uns herein."

Die Zeit floß dahin wie das Wasser im Nil, und mit ihr schwanden auch allmählich Batas Worte aus dem Gedächtnis seiner Frau. Einmal, als Bata wieder in den Bergen jagte, ging Taischek aus dem Haus und im Zedernhain spazieren. Da schwoll das Meer auf einmal an, und eine riesige Welle wälzte sich auf sie zu. Taischek erschrak zu Tode und wandte sich zur Flucht. Wie der Wind lief sie zu Batas Haus. Das Meer aber setzte ihr nach und rief einer Zeder zu: „Halte sie fest!"

Die Zeder rauschte, als antworte sie dem Meer, bog ihre Krone tief zur Erde hinab und streckte ihre Äste nach der Frau aus. Um ein Haar hätte sie die fliehende Taischek mit ihrem dichten Gezweig eingefangen, doch da hatte diese schon die Tür hinter sich zugeschlagen. Ein Zweig aber hatte sie doch gestreift und ihr eine Haarlocke ausgerissen. Die nahm das Meer mit und trug sie dorthin, wo die Wäscher und Wäscherinnen des Pharao die Palastwäsche wuschen. An jenem Tag hauchte die Wäsche einen besonderen Duft aus. Der Pharao ließ den obersten Wäscher kommen und wollte wissen, woher dieser seltsame, zauberhafte Wohlgeruch komme. Aber der unglückliche Mann konnte beim besten Willen keine befriedigende Antwort geben. Und am nächsten Tag hatte die Wäsche wieder jenen betäubenden Duft.

Am dritten Tag ging der oberste Wäscher persönlich zum Strand, wo die Wäsche gewaschen wurde, um dem Rätsel auf die Spur zu kommen. Doch in der ganzen Bucht konnte er nichts Ungewöhnliches entdecken. Nur eine Haarlocke schaukelte auf den Wellen. Kaum hatte er sie herausgefischt, wußte er, woher der seltsame, zauberhafte Duft kam, und eilte mit der Locke in den Palast zurück.

Der Pharao ließ alle seine Ratgeber, Gelehrten und Zauberer rufen und zeigte ihnen den seltsamen Fund. Und alle besahen sich die Locke, rochen daran, schüttelten die Köpfe und berieten sich lange. Dann warf sich der größte und gelehrteste Zauberer vor dem Pharao auf die Erde und sprach also: „O Herr, ein ewiges Leben in Gesundheit und Frische mögen dir beschieden sein! In einem Zauberpapyrus steht geschrieben, daß die Locke der schönsten Frau unter der Sonne, der Tochter des allmächtigen Re, gehört. Und da du der mächtigste Herrscher auf Erden bist, solltest du die schönste Frau zum Weibe nehmen."

„Und was muß ich tun, um sie zu bekommen?" wollte der Pharao wissen.

„Herr und Herrscher der Welt, sende Boten in alle Himmelsrichtungen aus, die Frau zu suchen, der diese Locke gehört. Sie sollen sie finden, und wenn sie jede Handbreit bewohntes und unbewohntes Land absuchen müßten, und sie zu dir bringen."

Der Pharao hatte sich schon oft von den Ratschlägen seines ersten Zauberers leiten lassen. So tat er auch diesmal, was der ihm geraten, und schickte seine Boten in alle Himmelsrichtungen aus.

Lange Zeit verstrich, bis die Boten zurückkehrten, erschöpft und verzweifelt, denn ihre Suche war vergeblich gewesen. Die aber, die zu den Zedernhainen aufgebrochen waren, die kamen gar nicht wieder. Bata hatte sie erschlagen! Nur einer hatte sich retten können. Der Pharao ließ sich von ihm persönlich alles genau berichten. Dann bat er den ersten Zauberer zu sich.

Als der Pharao ihm erzählt hatte, was er von dem Boten erfahren, sagte der Zauberer: „O Herr und Herrscher der Welt, o mächtigster aller Könige! Wenn der Mann so stark ist, wie der Bote behauptet, werden wir nicht mit Gewalt gegen ihn kämpfen. Schlauheit gilt mehr als Körperkraft. Ich werde dir die Frau bringen, doch du mußt mir Zeit lassen. Ich muß erst alle Zauberrollen studieren. Bestimmt gibt es eine, aus der ich erfahren kann, wer dieser Mann ist und wie wir ihn überwinden können."

Nach Jahr und Tag erschien der Zauberer wieder vor dem Pharao.

„Sprich, Zauberer, wer ist unser Widersacher?" fragte der Pharao ungeduldig.

„Es ist Bata, ein Bauernsohn, und ein Orakelspruch sagt, daß er nach dir den Thron besteigen und König von Ober- und Unterägypten werden wird. Sein Herz ist in der höchsten Blüte der höchsten Zeder im Tal der Zedernhaine verborgen. Es genügt, den Baum zu fällen, und um Bata ist es geschehen. Schließlich dürfen wir nicht zulassen, daß ein einfacher Bauer Pharao wird und Herrscher der Welt."

„Du hast recht, Zauberer", antwortete der Herrscher. „Diese Weissagung darf sich nicht erfüllen. Ich wünsche, daß du die Zeder

fällst und die schönste Frau unter der Sonne, die Tochter des allmächtigen Re, zu mir bringst.“

„O Herr, dein Wunsch ist mir Befehl. Doch gib mir Soldaten und Reiter und Streitwagen mit zum Geleit, auf daß ich unterwegs nicht den Wüstenräubern oder hungrigen Schakalen zum Opfer falle. Und befiehl ihnen, daß sie alle meine Anordnungen befolgen und mir aufs Wort gehorchen.“

„Du sollst Männer haben, soviel du willst, nur schaffe mir die Frau herbei!“

Der Zauberer hatte aber dem Pharao nicht verraten, daß Bata ein Liebling und Schützling des allmächtigen Re war. Er beneidete den einfachen Bauern, daß der die Sprache der Tiere verstand und fast unsterblich, da sein Herz ja in der Krone der hohen Zeder verborgen war. Solche Wunder konnte nicht einmal er, der gelehrteste aller Weisen und oberste Zauberer des Pharao, vollbringen. Und dabei war er doch wirklich ein Meister der Zauberkunst! Er konnte eine Katze in eine Maus verwandeln oder einen Fisch in einen Vogel, konnte die geheimnisvolle Schrift der Zauberrollen lesen und berauschende Zaubertränke brauen. Aber die Sprache der Tiere beherrschen oder gar Unsterblichkeit erlangen, das konnte er nicht.

Und so fraß der giftige Neid an ihm und ließ ihm keine Ruhe. Und mit der Zeit wurde er so übermächtig, daß der Zauberer Batas Glück um jeden Preis und mit allen Mitteln vernichten mußte, selbst wenn es ihn das Leben kosten sollte!

Der erste Schritt war ja nun getan – er hatte den Pharao gegen Bata aufgehetzt, hatte dessen Stolz und Aufgeblasenheit ausgenutzt und ihm eingeredet, die schönste Frau der Welt gehöre dem mächtigsten Herrscher auf Erden. Wie einfach war es doch gewesen, den leichtgläubigen Herrscher vor seinen Karren zu spannen.

Und so zog der Zauberer eines Tages mit einer Abteilung von Bewaffneten auf zum Tal der Zedernhaine. Zu beiden Seiten der Truppe knarrten die Räder von zehn Streitwagen, die waren alle mit Metall beschlagen und hatten einen riesengroßen Schild, und in jedem standen ein Lenker und zwei schwer bewaffnete Kämpfer.

Sie kamen über die Berge, durchquerten die Wüste und schlugen schließlich vor dem Wald ihr Lager auf. Weiter ging der Zauberer allein. Nur einen Becher mit einem Zaubertrunk und einen festen Strick nahm er mit. Als er zu dem Haus kam, murmelte er einen Zauberspruch und verwandelte sich in einen Vogel. Er flog zum Fenster und schaute hinein. Bata und seine Frau schliefen fest. Schnell verwandelte er sich in den Zauberer zurück, trat ins Haus und zu dem Bett und flößte beiden Schläfern den Zaubertrunk ein. Dann fesselte er Batas Frau an Händen und Füßen, warf sie sich über die Schulter und eilte in das Lager zurück. Dort befahl er den Soldaten, Äxte zu nehmen und alle Zedern zu fällen.

Gerade, als die Männer ihre Äxte in die hohe Zeder schlugen, erwachte Bata aus seinem tiefen Schlaf. Er stand auf und wollte nachsehen, was der Lärm vor seinem Haus zu bedeuten habe. Indem seufzte es draußen laut auf, rauschte und knackte, und dann folgte ein ohrenbetäubendes Krachen. Im gleichen Augenblick stürzte Bata in seinem Haus hin und fiel in tiefen, todesähnlichen Schlaf.

Taischek schlief zehn Tage und zehn Nächte lang. Als sie erwachte, lag sie auf einem weichen Ruhelager, das mit feinstem Leinen bezogen war. Es stand mitten in einem großen Raum mit Alabasterwänden, auf die mit Gold und bunten Farben Jagdszenen gemalt waren. Und neben dem Bett stand ein Mädchen in langem, weißem Kleid.

„Erwache aus deinem Schlaf und schau dich um“, sagte das Mädchen. „Du bist im Palast des Pharao, des mächtigen Herrschers beider Ägypten. Komm, ich will dich in einem Rosenbad mit duftenden Ölen einreiben und dir den goldgestickten Musselinmantel anziehen. Der Pharao, unser hoher Herr, erwartet dich.“

„Und wo ist Bata, mein Gemahl? Wie bin ich hierher gekommen?“ rief Taischek verzweifelt.

„Ich weiß es nicht, Herrin. Ich bin nur eine Sklavin und soll dir dienen“, antwortete das Mädchen.

Nach dem Bad führten Diener Taischek in den Empfangssaal des Pharao.

Der Pharao saß auf seinem Thron und blickte starr geradeaus. Er trug einen kurzen Rock aus feinstem Leinen, um die Schultern einen leuchtend gelben Umhang, und den Kopf bedeckte ein Tuch mit steifen Zipfeln. Seine Füße, die in kostbaren Sandalen steckten, ruhten auf einem Schemel, der ebenso wie die Sandalen mit Lasurit und Gold ausgelegt war.

Taischek verneigte sich leicht und fragte: „Was wünschst du, mächtiger Herrscher?"

„Ich will, daß du meine Frau wirst. Du bist die Tochter des mächtigen Re und die schönste Frau der Welt. Ich bin der Pharao, der mächtigste Herrscher der Welt. Wir zwei gehören zusammen."

„Weißt du denn nicht, daß ich bereits einen Mann habe? Den heldenhaften Bata, der weit von hier hinter der Wüste im Tal der Zedernhaine lebt? Bestimmt wird er herkommen und mich heimholen in sein Haus."

Dann wandte sie sich an den Zauberer: „Wisse, eines Tages wird mein Gemahl dich zur Rede stellen und sich grausam an dir rächen!"

Der Zauberer wurde kreideweiß. Ihm fiel ein, daß von der Zauberrolle mit dem Orakelspruch ein Stück gefehlt hatte. Und wer weiß, ob Batas Frau nicht die Wahrheit sprach.

„Großer Pharao, ewiges Leben sei dir beschert", sprach Taischek weiter. „Dein Zauberer hat dich schlecht beraten. Ich kann deine Frau nicht werden, denn ich liebe meinen Mann Bata und weiß, daß er mich eines Tages holen kommt. Ich bitte dich, laß mich in einer Kammer deines Palastes wohnen und dort auf meinen Liebsten warten."

Der Pharao sann kurz nach und antwortete dann: „Ich habe mich auf den ersten Blick in dich verliebt, schöne Taischek, und du sollst wissen, daß in meinem Herzen nie mehr Platz sein wird für eine andere. Ich will dich nicht zwingen, meine Frau zu werden, edle Herrin. Wenn du mich zurückweist, werde ich allein bleiben und keinen Erben haben. Wohne in meinem Palast, ich selbst werde dir die schönste Kemenate aussuchen und werde mich glücklich schätzen, dich in meiner Nähe zu wissen."

Nicht einen, nein zehn der schönsten Räume wählte der Pharao für Taischek aus. Zweimal zehn Sklaven und Sklavinnen, schwarze und weiße, schenkte er ihr und dazu eine Truhe voll kostbarer Geschmeide und fünf Truhen Kleider, die waren alle mit Gold und Silber bestickt. Der Herrscher war überzeugt, daß die Zeit ihre Liebe zu Bata erkalten und die Erinnerungen, die sie in ihrem Herzen trug, erblassen ließe. Dann, so hoffte er, würde Taischek seine Frau werden.

Weit weg von der Residenz des Pharao war eines Tages Anubis vom Feld heimgekehrt. Er wusch sich die Hände und setzte sich hin zum Abendessen. Als er den Becher zum Munde führen wollte, da schäumte das Getränk darin so stark auf, daß der Schaum über den Rand spritzte. Das war ein böses Zeichen! Anubis zögerte keinen Augenblick. Er zog seine Sandalen an, nahm einen Wanderstock und seine Waffen, versorgte sich mit der nötigen Wegzehrung und eilte zu dem Bruder ins Tal der Zedernhaine. Statt des grünen Tals mit mächtigen Zedern aber fand er nur einen wüsten Kahlschlag vor. Inmitten der kreuz und quer übereinanderliegenden Stämme stand Batas Haus, und darin lag auf der Erde neben dem Bett sein jüngerer Bruder reglos ausgestreckt. Er sah aus, als schliefe er nur. Anubis weinte bittere Tränen und ging die Blüte suchen, in der Batas Herz verborgen war.

Drei Jahre lang suchte er schon, doch vergebens, und er wurde immer verzweifelter. Schließlich gab er die Hoffnung auf und beschloß, wieder heimzukehren.

Bei Morgengrauen brach er auf. Als er an einem dicken Zedernstamm vorbeikam, sah er im Gras einen großen Zapfen liegen und stieß ihn wütend mit dem Fuß weg. Und siehe, unter dem Zapfen lag eine kleine, verwelkte Blüte. Anubis hob sie auf und betrachtete sie aufmerksam. In der Blüte saß ein schwarzes Körnchen – Batas ausgedörrtes Herz. Anubis holte eine Schüssel mit kühlem Quellwasser, warf das Körnchen hinein und setzte sich damit ins Gras. Den ganzen Tag trank das Körnchen und wurde größer und größer.

Am Abend erwachte Bata wieder zum Leben, rieb sich die Augen, streckte sich und trat vor sein Haus. An der Stelle, wo einst die hohe Zeder gestanden, saß im Gras sein Bruder Anubis mit einer Schüssel in der Hand. In der Schüssel schwamm Batas Herz. Anubis überlegte nicht und reichte das Wasser mit dem Herzen Bata. Und der trank es. Dann umarmten sich die Brüder und hatten sich so viel zu erzählen, daß sie erst gegen Morgen in kurzen Schlaf fielen.

Als die Sonne in ihrer goldenen Barke über den Morgenhimmel schwamm, sprach Bata zu Anubis: „Es ist an der Zeit, das Unrecht zu bestrafen. Im Traum ist mir der allmächtige Re erschienen und hat mir gesagt, daß all mein Unglück und Leid von dem bösen, neidischen Zauberer unseres Pharaos kommt. Ich werde mich in einen so großen Stier verwandeln, wie ganz Ägypten noch nicht gesehen. Du setzt dich auf meinen Rücken, und noch vor Sonnenuntergang werden wir vor dem königlichen Palast stehen. Dann führe mich zum Pharao, der dich reich belohnen wird. Er wird dir mein Gewicht in Gold und Silber aufwiegen."

Und so geschah es auch. Die Erde erbebte, Bata verschwand, und an seiner Stelle stand plötzlich ein stattlicher Stier. Anubis schwang sich auf seinen Rücken, und der Stier rannte so kraftvoll und schnell davon, daß die Erde unter seinen Hufen donnerte. Gegen Abend, als der Sonnengott Re zum Westtor hinabstieg, hielten sie vor dem Palast, und Anubis führte den Stier zum Pharao. Der Herrscher war vor Freude außer sich, als er das herrliche Tier sah. Er glaubte, Gott Re selbst habe ihm diesen Stier geschickt. Gleich ließ er ihn mit Kränzen schmücken und befahl, in ganz Ägypten große Feiern abzuhalten zu Ehren des Gottesboten. Und Anubis ließ er so viel Gold und Silber auszahlen, wie der Stier wog. Und außerdem schenkte er ihm noch hundert Sklaven und ließ jedem kostbare Waren aufladen, soviel er tragen konnte. Anubis bedankte sich bei dem Pharao für die Geschenke, verabschiedete sich und kehrte in sein Heimatdorf zurück.

Eines Abends stattete der Zauberer dem königlichen Stall einen Besuch ab. Auch ihm gefiel das prächtige Tier, und er wollte es sich aus der Nähe ansehen. Als der Stier den Zauberer kommen sah, scharrte er wild mit den Hufen und sprach mit menschlicher Stimme: „Ich bin Bata. Du hast die Zeder fällen lassen, um mich zu töten, aber ich lebe. Ich habe mich in einen Stier verwandelt und bin deinetwegen hierher gekommen. Die Stunde meiner Rache naht!"

Der Zauberer lief entsetzt aus dem Stall, als brenne ihm die Erde unter den Füßen. Und sogleich eilte er zum Pharao, warf sich vor ihm auf den Boden und rief: „O mächtiger Herrscher! Bata lebt. Er hat sich in den Stier verwandelt und will sich an uns rächen. Er hat zu mir mit menschlicher Stimme gesprochen und gesagt, er wolle uns beide vernichten. Du mußt den Stier töten lassen, er ist nicht Res Bote."

Der Pharao glaubte dem Zauberer und bekam es auch mit der Angst zu tun. Er befahl, den Stier in der Nacht heimlich zu töten und seinen Kadaver in den Nil zu werfen.

Als die Sklaven den toten Stier durch das Tor des Palastes trugen, spritzten zwei Tropfen von Batas Blut auf die Erde. Bis zum Morgen wuchsen daraus zwei herrliche Pfirsichbäume. Als der Pharao am Morgen erwachte, meldete man ihm sogleich die Neuigkeit.

„O mächtigster Herr der Welt, es ist ein großes Wunder geschehen. Über Nacht sind vor dem Tor zwei herrliche Pfirsichbäume gewachsen", meldete ihm der Diener, der vor der Tür zu seinem Schlafgemach Dienst tat.

„Rufe den Zauberer, er soll sich mit mir das Wunder ansehen!" befahl der Pharao.

Vor dem Tor hatte sich schon eine große Menschenmenge versammelt, und alle brachten sie den Bäumen Opfer dar, denn sie sahen in ihnen Boten des allmächtigen Re. Als der Herrscher nahte, wich das Volk ehrerbietig zurück, und der Pharao setzte sich mit dem Zauberer unter einen der Pfirsichbäume.

Auch Taischek erschien, sich das Wunder anzusehen, und ließ sich unter dem anderen Baum ins Gras gleiten. Der Baum wiegte leicht seine Krone hin und her, rauschte leise, und es dauerte nicht lange, da hatte er Taischek eingeschläfert. Und auch der Pharao wurde vom Schlaf übermannt. Nur der Zauberer schlief nicht. Er dachte angestrengt darüber nach, was das alles zu bedeuten habe.

Indem bewegten sich die Zweige über ihm, rauschten immer lauter und sprachen schließlich mit menschlicher Stimme, die aber niemand außer dem Zauberer hören konnte: „Ich bin Bata. Du hast die Zeder fällen lassen, damit ich sterbe, du hast deinen Herrn den Stier töten lassen, damit ich sterbe. Aber ich lebe. Meiner Rache entkommst du nicht!“

Der Zauberer erblaßte und weckte sogleich den Pharao.

„O mein Gebieter, o Herrscher der Welt! Bata lebt. Er hat sich in diese Pfirsichbäume verwandelt und will uns vernichten. Als du schliefst, hat er mit menschlicher Stimme zu mir gesprochen und uns beiden Rache geschworen. Du mußt die Bäume fällen lassen, sie sind nicht Res Boten.“

Der erschrockene Pharao befahl, sogleich die Pfirsichbäume zu fällen. Von dem Lärm wurde Taischek aus ihrem lieblichen Schlaf gerissen und konnte gar nicht fassen, was um sie herum geschah. Die Pfirsichbäume stöhnten und ächzten unter den Schlägen der Äxte. Vor Überraschung öffnete Taischek den Mund, und indem flog ein winziger Span von einem der Bäume hinein, den sie hinunterschluckte.

Nach einiger Zeit gebar Taischek einen Knaben.

Das Volk meinte, ihr Vater, der allmächtige Sonnengott Re, habe ihn ihr gesandt, um ihre Trauer um Bata zu mildern, und gönnte ihr von Herzen ihr Glück. Nur der Zauberer vermutete wieder eine Hexerei und studierte vergeblich alle möglichen Zauberrollen, um etwas zu erfahren. Und der Pharao? Der gab zu Ehren des Neugeborenen ein großes Fest. Noch immer liebte er Taischek und teilte aufrichtig ihre Freude.

Die Jahre vergingen, und der Knabe wuchs zu einem jungen Mann heran. Der Pharao liebte ihn über alles, und da er selbst keinen Nachkommen hatte, erklärte er Taischeks Sohn zum Kronprinzen und Thronerben.

Und als der Pharao sich zu dem Göttergefolge begeben hatte, nahmen sich die Priester des toten Herrschers an. Den Leib hüllten sie in kostbare Gewänder, auf das Gesicht paßten sie eine goldene Maske, Hände und Arme schmückten sie mit Ringen und Armreifen. Unter den Kopf legten sie dem Toten ein Kissen aus Elfenbein, und dann verschlossen sie ihn in drei Särgen, einem aus Papyrus, einem aus vergoldetem Zedernholz und einem aus Marmor. Dann bestatteten sie den Pharao feierlich in einer unterirdischen Grabkammer, die mit prächtigen Bildern ausgemalt war. Und in die Grabkammer gaben sie ihm Möbel, Geschirr, Wagen und Waffen, Blumen, Fleisch, Gebäck, Wein und viele Statuen von Frauen, Kriegern und Sklaven mit für seinen Weg ins Jenseits.

Nach der Totenfeier kamen alle Fürsten, Edlen und die höchsten Beamten zu einer großen Versammlung zusammen. Der erste Ratgeber und Zauberer des verstorbenen Pharao brachte auf einem goldenen Tablett die doppelte rote und weiße Krone, um die sich eine goldene Schlange ringelte, und reichte sie dem Kronprinzen, Taischeks Sohn.

Der neue Pharao setzte sich schweigend die Krone auf.

„Sei gegrüßt, o Herr und Herrscher der Welt, ewig lebe der König des Oberen und des Unteren Ägypten!" rief der Zauberer, und alle warfen sich vor dem Pharao in den Staub.

„Nach den Gesetzen Ägyptens übernehme ich die Regierungsgewalt und werde sie ausüben zum Ruhme des Landes und zum Wohl des Volkes", antwortete der neue Pharao und schaute dem Zauberer ins Gesicht.

„Die Stunde ist gekommen, da sich die Prophezeiung des alten Zauberpapyrus erfüllt. Ich war ein Bauer, nun aber bin ich Pharao, bin Herr der Welt, und mein Name ist Bata. Du hast die Zedern fällen, den Stier töten und die Pfirsichbäume fällen lassen, damit ich sterbe. Dreimal hast du mich getötet, aber ich lebe. Der allmächtige Re hat mich beschützt. Er verbarg mein Leben in einem kleinen Holzspan, der meiner treuen Taischek in den Mund flog, als man auf deinen Befehl die Pfirsichbäume fällte. Nach einiger Zeit kam ich dann als kleiner Knabe aus dem Schoß meiner Taischek wieder auf die Welt, wuchs zu einem starken Mann heran und wurde Thronerbe des Pharao und nun auch Pharao, wurde zum Herrn über dein Leben. Nun ist die Stunde deiner Strafe gekommen!“

Als der Zauberer die Worte vernahm, wurde er blaß, wankte und stürzte tot zu Batas Füßen nieder.

Nun ließ Bata seine liebe Taischek rufen. Und als sie erschien, schloß er sie froh in die Arme.

Und der Gott Re schenkte ihnen Gesundheit, Glück und ein langes Leben.

ZWEITER TAG

Der strahlende Re steigt in seine goldene Barke und tritt seine Fahrt über das blaue Himmelsgewölbe an. Der neue Tag erwacht, und auf dem königlichen Schiff unter den Purpursegeln sitzen die Königin, ihr Sohn und der Hofschreiber.

„Eine Pyramide!“ ruft der Prinz. „Aber sie sieht anders aus als die übrigen.“

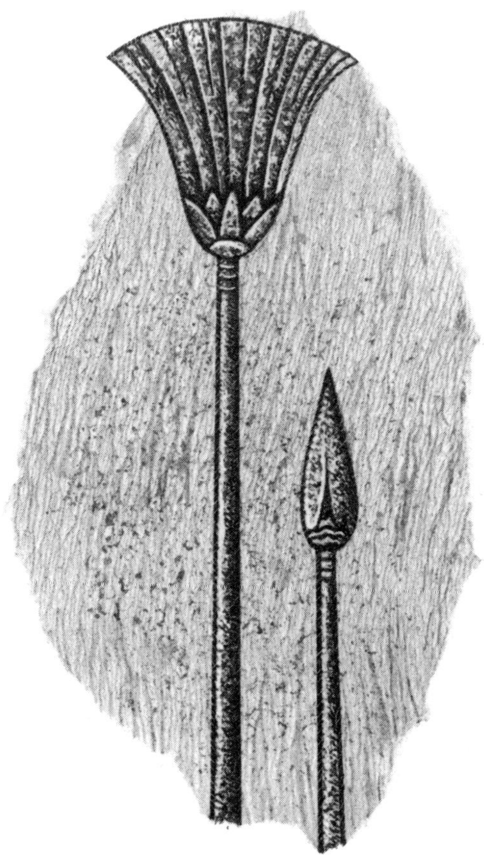

„Du hast recht, Prinz. Diese Pyramide hat viele Stufen“, erklärt der Gelehrte.

„Und welcher unserer ruhmreichen Vorfahren ließ sie erbauen?“

„Es ist die älteste Pyramide überhaupt, und von dem Pharao, der sie erbauen ließ, und auch von weiteren großen Herrschern unseres Landes, den Bauherren der größten steinernen Berge, werde ich heute erzählen.“

SIEBEN HUNGERJAHRE

Nur der älteste von Menschenhand erschaffene steinerne Berg hat den großen Pharao Djoser erlebt. Damals kam über unsere beiden Länder eine schreckliche Plage. Siebenmal nacheinander stieg der Nil nicht, überschwemmte nicht mit seinem Wasser das Niltal. Sieben Jahre gedieh auf den Feldern nichts. Hunger und Not herrschten in Ägypten.

In seiner Verzweiflung versammelte sich das unglückliche Volk vor dem Königspalast und bat den Pharao, es vor dem sicheren Tod zu retten.

Pharao Djoser aber wußte keinen Rat. Und so ließ er seinen höchsten Würdenträger rufen, den weisen Imhotep. Vielleicht konnte der helfen. „Rate mir, was soll ich tun, damit der Nil wieder steigt?"

„O mächtiger Pharao, ich bin nicht weise genug, um dir auf der Stelle zu raten", sprach Imhotep ernst. „Aber zum Glück weiß ich, wo ich die Antwort auf deine Frage finden kann. Laß mich in die Stadt Theben reisen und dort einige Zeit in der großen Bibliothek verbringen. In ihren Räumen sind die ältesten Papyrusrollen aufbewahrt, die in uralten Zeiten von den größten Weisen und Gelehrten unserer Vorfahren geschrieben wurden."

„So reise denn hin, Imhotep. Nimm dir aus meinen Vorratskammern alles, was du brauchst, und brich schon morgen auf", entschied der Pharao.

Imhotep eilte auf schnellstem Wege nach Theben. Einen ganzen Monat, Tag für Tag, vom frühen Morgen bis zum späten Abend, entzifferte er in der Bibliothek alte Papyrusrollen. Erst im siebenten Raum, im siebenten Tonkrug fand er, was er gesucht.

Da kehrte er, so schnell er konnte, in den königlichen Palast zurück, warf sich vor dem Pharao nieder und sprach: „O Herr, ich habe die Rolle gefunden, die uns Auskunft gibt. Es ist der älteste Papyrus, den es dort überhaupt gibt, und ich habe lange gebraucht, die uralten Hieroglyphen zu entziffern."

„Und was sagen sie, weiser Imhotep?“ fragte der Herrscher ungeduldig.

„Höre die Weisheit der alten Weisen, o Pharao!“ sprach Imhotep und begann zu lesen:

„Im Nil, weit im Süden, liegt eine Insel, auf der einmal ein Tempel stehen wird und eine berühmte Stadt. Die Insel heißt Elephantine und ist der Ursprung allen Seins. Hier stand der allmächtige Re, als die Welt geboren wurde. Die Insel ruht auf einem mächtigen Granitfelsen, und in dem ist eine große Höhle, die den Namen Fontane des Lebens trägt. Aus der Höhle führen zwei Gänge heraus – die Menschen nennen sie die Zwei Münder –, die das Wasser ins Flußbett tragen. Die Höhle Fontane des Lebens ist die Mutter des Nilstroms, und aus ihren Mündern gibt sie dem Fluß Wasser und Kraft. In ihr wurde der Nil geboren, und in ihr hat er sein Ruhelager, wo er sich jedes Jahr ausruht und neue Kräfte sammelt. Von hier aus strömt er durch die Zwei Münder in sein Flußbett und eilt nach Norden ins Große Grüne Meer. In der Höhle lebt Res Bruder, der allmächtige Chnum, der Gott und Herr des Nils. Wenn er bei den Menschen in Vergessenheit gerät und diese aufhören, ihm zu opfern und ihn zu ehren, dann wird er Ägypten mit grausamem Hunger heimsuchen, so lange, bis die Menschen sich wieder seiner erinnern.“ Und Imhotep fügte hinzu: „Wir haben den allmächtigen Chnum vergessen, o Pharao, und haben aufgehört, ihn zu ehren.“

„Weiser Imhotep, ich weiß, daß du der größte Zauberer bist und auch die mächtigsten Zauber kennst. Nur du bist berufen, den allmächtigen Chnum zu beschwören, auf daß er uns seinen Willen kundtue.“

„Mächtiger Pharao, so komme mit mir in mein Orakel, und ich werde den allmächtigen Gott des Nils beschwören“, antwortete Imhotep.

Im dunklen Raum des Orakels zündete Imhotep eine Laterne an, bestrich sich die Augen mit einer Wundersalbe und starrte gebannt in die Flamme. Dann schloß er die Augen und sprach eine Zauberformel. Und siehe, aus der Finsternis tauchte schemenhaft eine

Menschengestalt mit Widderkopf auf, dessen goldene Hörner den finsteren Raum erleuchteten.

„Wisse, Pharao, der du nur für kurze Zeit auf der Erde verweilst, daß ich der allmächtige Chnum bin, der Gott und Herr des Nils!" rief die Erscheinung mit donnernder Stimme. „Ich bin es, der von der Insel Elephantine den Strom des Flusses leitet und bestimmt, wieviel Wasser er mit sich führt. Ich bin es, der der Erde das Wasser gibt, damit Weizen und Gerste wachsen und Obstbäume, Weinreben, Feigen, Datteln und süße Apfelsinen gedeihen zum Wohle der Menschen.

Aber du, Pharao Djoser, und dein Volk, ihr habt mich vergessen. Du selbst, Herrscher des Landes, denkst nur an dich. Du läßt dir eine riesige Pyramide bauen, dein Grabmal, das die Jahrtausende überdauern wird; an mich aber denkst du nicht. Du denkst nur an deinen eigenen Ruhm, aber den meinen vergißt du dabei. Wenn das Volk mich wieder ehren und anbeten wird und wenn du, Pharao, mir einen Tempel baust, der meiner Größe und meinem Ruhm würdig ist, dann wird der Nil wieder seine Ufer überschwemmen."

Nach diesen Worten erlosch der goldene Schein, die Menschengestalt mit Widderkopf verschwand, und in dem Raum herrschte tiefe Stille.

Am anderen Morgen bestieg Pharao Djoser mit dem weisen Imhotep sein königliches Schiff. Sie kamen an Theben vorbei und an ägyptischen Städten und Dörfern, bis sie die berühmte Insel Elephantine erreicht hatten. Dort kletterte der Pharao auf den höchsten Berg und befahl Imhotep, jedes seiner Worte niederzuschreiben. Und dann rief er. „Ich will, daß an dieser Stelle ein Tempel ersteht, mit dem sich kein anderer vergleichen kann. Erbauen soll ihn mein erster Baumeister Imhotep, und er soll dabei weder an Geschick noch an Geld sparen. Und wenn der Tempel fertig ist, so möge er für immer dienen dem allmächtigen Chnum, den Gott des Nils!"

Ein Jahr später war der Tempel fertig.

Viele Jahre dann schwoll der Nil regelmäßig über seine Ufer, und unsere beiden Länder blühten und gediehen.

Niemand könnte zählen, wie oft Gott Re seine Fahrt über den Himmel antrat seit jener Zeit, da in unserem Land der große Pharao Nebka herrschte.

Er war ein kluger Herrscher und schätzte tüchtige und ehrliche Beamte und Diener, am meisten aber achtete er seinen höchsten Würdenträger, den Gelehrten, Schreiber und Zauberer Vba-oner, den er zu seinem Freund erhob.

Für seine treuen Dienste ließ er ihm ein schönes Haus bauen mit einem Garten und einem See, an dessen Ufer im Schatten von Syko-

moren ein Altan stand, in dem Vba-oner gern mit seiner Frau die Stunden der Erholung und Erbauung verbrachte.

Einmal wollte der Pharao Nebka eine große Reise durch sein Land unternehmen und befahl seinem obersten Würdenträger Vba-oner, ihn zu begleiten. Pharao Nebka wollte durch alle Städte und Dörfer Ägyptens reisen, um sich zu überzeugen, wie sein Volk lebte, wie es arbeitete und wie es feierte, ob es nicht Hunger litt oder Unrecht erdulden mußte.

Es war eine lange und anstrengende Reise, die viele Tage und Wochen dauerte. Und so war es kein Wunder, daß Vba-oner eines Tages das Heimweh überfiel. Er sehnte sich nach dem kühlen Wasser des Sees, dachte an die angenehmen Stunden, die er mit seiner Frau im Schatten der Sykomoren und Palmen verbrachte.

Da knetete er aus Wachs eine Männerfigur, die er durch seine Zauberkunst so lange beschwor, bis sie die Größe eines Menschen hatte und zu Leben erwachte.

„Geh und eile in mein Haus und sieh nach, was meine Frau macht. Halte die Augen offen und sieh dich gründlich um. Wenn du zurückkommst, wirst du mir berichten, was du gesehen!" befahl der Zauberer.

Der Mann aus Wachs verneigte sich, dann erhob er sich in die Lüfte und war im nächsten Augenblick verschwunden. Es dauerte nicht lange, da kam er wieder zurück.

„Nun berichte, was hast du gesehen? Was tut meine Frau, nach der ich mich so sehne?"

„Mein Herr, deine Frau hat sich mit dem Sohn eines Fürsten angefreundet und saß mit ihm im Altan am See. Sie aßen verschiedene Delikatessen und Obst, tranken Wein, unterhielten sich, und dabei lächelten sie sich an und waren sehr glücklich."

„Und wie sah meine Frau aus?"

„Sie war wunderschön, o Herr. Sie war mit duftenden Salben parfümiert, kunstvoll frisiert und trug ein traumhaftes Kleid und kostbaren Schmuck. Wenn ich ein Mensch wäre und nicht aus Wachs, ich hätte mich auf der Stelle in sie verliebt."

„Und was hast du noch gesehen, berichte!“ rief der oberste Würdenträger des Pharao ungeduldig.

„Wie ich schon sagte, Herr, sie unterhielten sich, lachten, dann erhob sich der Jüngling, sprang in den See, badete darin und ging davon. Deine Frau blieb allein im Altan zurück, und ich eilte zu dir.“

Darauf murmelte Vba-oner einen Zauberspruch, der Mann aus Wachs wurde kleiner und kleiner, bis er wieder zu einer kleinen, leblosen Wachsfigur geworden war, die der Zauberer in seine Reisetasche tat.

„Ich muß selbst hin!“ beschloß er dann.

Er verwandelte sich in einen Raubvogel, schlug kräftig mit den Flügeln und war in wenigen Augenblicken zu Hause. Dort nahm er wieder Menschengestalt an und trat unbemerkt in die Kammer seines Verwalters.

Der konnte vor Überraschung kein Wort herausbringen, als er seinen Herrn so unverhofft vor sich sah.

„Geh in mein Zimmer, hole von dort die Ebenholzkassette und bring sie zum See!“ befahl der Zauberer Vba-oner dem Mann.

Als der Verwalter zum See kam, wartete Vba-oner schon auf ihn. Vba-oner öffnete die Kassette, nahm eine Papyrusrolle heraus und legte sie vorsichtig in den Sand. Er griff ein zweites Mal in die Kassette und brachte diesmal ein Stück weißes Wachs zum Vorschein. Dann knetete er mit geschickten Fingern aus dem Wachs ein kleines Krokodil, das nur sieben Zoll lang war und aussah wie ein Spielzeug. Der Zauberer hob die Papyrusrolle auf und sprach beschwörend über dem Krokodil die Worte nach, die auf dem Papyrus standen. Dann reichte er das Krokodil dem Verwalter und sagte: „Verstecke dich morgen abend beim See, und wenn der junge Fürst kommt und ins Wasser steigt, so wirf ihm das Krokodil hinterher.“

Der Verwalter steckte ängstlich das Krokodil ein und verneigte sich schweigend.

„Verstecke es gut! Und zu niemandem auch nur ein Wort darüber, was du gesehen und was ich dir aufgetragen!“ befahl Vba-oner. „Vor allem nicht zu der Hausherrin! Wehe dir, wenn du etwas verrätst! Ich würde dich grausam bestrafen. Kehre nun in deine Kammer zurück und merke dir: Du hast nichts gesehen und nichts gehört!"

Daraufhin verwandelte sich der Zauberer wieder in einen Raubvogel, schwang die Flügel und war verschwunden.

Als am anderen Tag die Sonne unterging, begab sich der Fürstensohn zum See, um zu baden. Plötzlich flog etwas Kleines, Weißes durch die Luft, klatschte auf das Wasser und wirbelte es derart auf, als wäre ein großer, schwerer Balken hineingefallen. Der junge Mann schaute sich um und erstarrte vor Entsetzen: Hinter ihm schwamm ein Krokodil, groß wie der Stamm eines Baumes, packte ihn mit seinen scharfen Zähnen und zog ihn in die Tiefe. Die Frau des Zauberers, die das grauenhafte Schauspiel mit angesehen, fiel in Ohnmacht, und der Verwalter floh entsetzt davon.

Sieben Tage war Vba-oner noch mit dem Pharao unterwegs, und die ganze Zeit über war er derart schweigsam und ernst, daß es auch dem Herrscher auffallen mußte.

„Ich sehe, daß schwarze Gedanken deinen Sinn trüben und große Sorgen dich beschweren. Sage mir, mein höchster Würdenträger und treuer Freund, was dich bekümmert", gab der Pharao schließlich sein Mitgefühl zu verstehen.

„O mächtiger Pharao, mein Herr und Gebieter, verzeih mir, wenn ich mich dir nicht sogleich anvertraue, denn hier ist nicht der richtige Ort dafür. Wenn du aber die Antwort auf deine Frage wissen willst und ein Wunder schauen, wie es noch kein Sterblicher gesehen, so besuche mich nach unserer Rückkehr in meinem Haus."

Der Pharao gab sich mit der Antwort zufrieden, doch gleich am Tag nach ihrer Ankunft in der Residenzstadt beehrte er den Zauberer mit seinem Besuch. Er war nämlich schon sehr neugierig, was für ein Wunder er in Vba-oners Haus zu sehen bekommen würde.

Der Zauberer führte den Pharao zum See und rief: „Krokodil, bring deine Beute ans Ufer!"

Der Herrscher Ägyptens sprang erschrocken zurück, als aus dem Wasser der Kopf eines riesigen Krokodils auftauchte mit dem Leib eines Menschen zwischen den Zähnen. Das Krokodil schwamm zum Ufer, kroch an Land, ließ seine Beute fallen und blieb ruhig liegen.

Als sich der Pharao nach einer Weile von seinem Schreck erholt hatte, sagte er: „Dieses Ungeheuer verbreitet Angst und Grauen. Wie kommt es, daß es dir gehorcht?"

Statt einer Antwort trat der Zauberer lächelnd zu dem Krokodil und berührte es mit dem Finger. Im gleichen Augenblick verwandelte sich das Reptil in eine kleine Wachsfigur, die Vba-oner aufhob und dem staunenden Pharao Nebka hinhielt, Der Herrscher nahm das Wachskrokodil zaghaft in die Hand und betrachtete es, während ihm der Zauberer die Geschichte von seiner Frau und dem Fürstensohn erzählte.

Der Pharao Nebka zog finster die Brauen hoch, warf die Wachsfigur auf die Erde, und da verwandelte sich diese wieder in ein großes, lebendes Krokodil.

„Nimm, was dir gehört!" sprach der Herrscher Ägyptens alsdann.

Darauf packte das Krokodil seine Beute, kroch in den See zurück und verschwand in der Tiefe. Seit der Zeit hat nie wieder jemand das schreckliche Krokodil gesehen und den unglücklichen jungen Fürsten auch nicht. Was mit ihnen geschehen war, das wußte wohl nur des Pharaos höchster Würdenträger, der Zauberer Vba-oner.

DAS TÜRKISFISCHLEIN

Einst herrschte in unseren Ländern der weise und gerechte Pharao Snofru. Die Tage seines Lebens flossen eintönig und langsam dahin wie das Wasser im Nildelta, und nur selten brachte irgendein Ereignis ein wenig Bewegung in ihren ruhigen Lauf. So kam es, daß sich der Herrscher des öfteren langweilte und freudlos durch die Gänge und Säle seines Palastes irrte.

‚Der einzige, der mir Zerstreuung zu verschaffen versteht oder mir irgendein unglaubliches Kunststück vorführen kann, ist mein weiser Schreiber der Papyrusrollen, der oberste Zauberer Djadja-em-anch', dachte der Herrscher, als er wieder einmal über die Maßen schlecht gelaunt war.

Ungeduldig befahl er sogleich seinen Dienern: „Geht in das Haus der Weisheiten und holt den Gelehrten, den obersten Schreiber und

großen Zauberer Djadja-em-anch her! Aber beeilt euch und laßt euch nicht aufhalten!"

Als der weise Mann erschien, sagte der Herrscher zu ihm: „Ich bin durch den ganzen Palast gegangen, um ein wenig Erbauung zu finden. Doch ich habe keine gefunden. Du bist ein weiser und gelehrter Mann und kennst die Geheimnisse der Erde, des Wassers und der Winde. Für dich ist es bestimmt ein leichtes, das Herz deines Herrschers aufzuheitern. Denke dir etwas aus, ich komme um vor Langeweile."

„O Pharao Snofru, lang mögest du leben in Gesundheit und Frische! Vielleicht würde dich eine Spazierfahrt auf dem Nil oder einem See erfreuen. Glaube mir, es wird keine gewöhnliche Fahrt sein, wenn du auf meinen Rat gibst", antwortete der Zauberer.

„Ich bin überzeugt, daß du mir ein ganz besonderes Schauspiel vorführen wirst. Laß also die königliche Barke bereitmachen."

„Es wird wirklich keine gewöhnliche Schiffahrt", versicherte Djadja-em-anch dem Pharao. „Deine Ruderer werden andere sein, als du sie an den Rudern deiner Barke zu sehen gewohnt bist. Die schönsten Jungfrauen, die in deinem Palast dienen, sollen auf den Ruderbänken sitzen. Der Anblick der Vögel über dem Fluß, der fruchtbaren Felder ringsum, der grünen Wiesen an den Ufern und der liebreizenden jungen Frauen wird deinen finsteren Sinn aufheitern und dein betrübtes Herz erfreuen."

Der Pharao atmete auf. Endlich erwartete ihn etwas Ungewöhnliches, Aufregendes, und vielleicht würde er sogar ein kleines Abenteuer erleben. Gleich war er voller Einfälle und erteilte Befehle nach allen Seiten.

„Beschafft zwanzig Ruder aus Ebenholz, die mit Gold ausgelegt sind. Ihre Blätter sollen aus Sandelholz sein, in dem Körnchen von Weißgold glitzern. Und sucht die zwanzig hübschesten Mädchen aus, schlank und anmutig wie junge Palmen und mit makelloser Haut. Ihre Haare sollen in dünne Zöpfe geflochten sein und ihre Haarbänder mit silbernen Fröschen und Fischlein geschmückt. Dann öffnet die königliche Juwelenkammer und gebt den Mädchen Geschmeide aus Gold und Silber, Malachit, Bernstein und Türkis. Und gekleidet sollen sie sein in Netze aus feinstem Goldgarn. Dies alles führt aus zu meiner vollsten Zufriedenheit!“

Es dauerte nicht lange, und das königliche Schiff mit den anmutigen Ruderinnen glitt auf den Nil hinaus. Unter einem schneeweißen Baldachin ruhte der Pharao in seinem königlichen Sessel und sah erfreut den hübschen Mädchen zu, die in gleichmäßigem Rhythmus ruderten und dazu sangen. Der Pharao lächelte zufrieden und fühlte sich glücklich.

Plötzlich zerriß ein kurzer Schrei die Stille, und die eine Reihe der Mädchen hörte auf zu rudern.

„Warum singt ihr nicht mehr, und warum rudert ihr nicht?“ fragte der Herrscher verwundert.

„O Herr und Gebieter, verzeih, daß ich meine Arbeit vernachlässige. Doch ich kann nicht rudern und auch nicht singen. Das Ruder des Mädchens vor mir hat mich am Kopf gestreift, und dabei hat sich das Türkisfischlein von meinem Haarband gelöst und ist ins Wasser gefallen. Es hat mir so gefallen, daß mir der Gedanke, es für immer verloren zu haben, das Herz bricht“, antwortete für alle das Mädchen, das auf dem erhöhten Heck an dem großen Ruder saß, mit dem die eine Schiffsseite gesteuert wurde.

„Ich schenke dir ein anderes Geschmeide, ein viel schöneres“, tröstete der Pharao die Ruderin.

Doch das Mädchen war weiterhin untröstlich und meinte, kein anderer Schmuck, und sei der noch so kostbar, könnte ihr das geliebte Türkisfischlein ersetzen.

„Nur mein Ratgeber und treuer Freund, der sich unsere Fahrt ausgedacht, kann das Kleinod, das deinem Herzen so teuer, vom Grund des Flusses heraufholen. Ruft auf der Stelle meinen ersten Zauberer zu mir!“ befahl der Herrscher den Dienern.

Als der Weise vor ihm erschien, sprach Pharao Snofru: „Djadja-em-anch, teurer Freund, ich habe getan, wie du mir geraten. Mein Herz ist wieder frohgestimmt, und meine Augen ergötzen sich am Anblick der schönen Jungfrauen, wie sie anmutig die Ruder führen.

Aber nun ist ein kleines Türkisfischlein, ein Schmuckstück, das dem Herzen eines der Mädchen teuer ist, ins Wasser gefallen, und das hat sich über ihm geschlossen. Trauer ist nun im Herzen jener Jungfrau, und sie hat ihr Ruder aus der Hand gelegt. Ich wollte ihr ein anderes Kleinod schenken, doch sie mag keines und kann über den Verlust ihres Türkisfischleins nicht hinwegkommen. So ist es denn mein Wunsch, daß du ihr das Fischlein zurückholst, auf daß wieder Freude aus ihren Augen strahlt."

„Dein Wunsch ist mir Befehl, o großer Pharao", erwiderte der Zauberer ehrfurchtsvoll. „Wisse, ein solches Wunder hat noch kein Sterblicher zu sehen bekommen. Möge es dein Herz erfreuen und deinem Sinn Ruhe und Frieden zurückgeben."

Der Gelehrte stand auf dem Heck des Schiffes und murmelte leise einen Zauberspruch, die Augen starr auf das Wasser gerichtet. Dann streckte er die Arme über dem Fluß aus. Im gleichen Augenblick hielt der Strom ein in seinem Lauf, und das Wasser trat auseinander, wie von einem scharfen Messer geteilt. Hinter dem Schiff tat sich eine tiefe Schlucht auf, an deren schräg abfallenden Wänden das Wasser wie zu Wachs erstarrt war. Am Rande der Schlucht blieb die Barke reglos stehen. Der Zauberer sprach eine andere Zauberformel, und wie er die Arme nach unten bewegte, so glitt das Schiff die steile Wand hinab, bis es auf festem, grünem, trockenem Grund ruhte. Und dort, genau unter dem Heck, lag das kleine Türkisfischlein.

Die Jungfrau, der das Schmuckstück gehörte, jauchzte vor Freude, sprang hinab auf den trockenen Nilgrund, hob schnell das Fischlein auf und steckte es an ihr Haarband. Dann kletterte sie wieder zurück, nahm ihren Platz an der Ruderbank ein und griff nach dem Steuerruder.

Der Zauberer murmelte ein paar Worte, hob die Arme langsam nach oben, und das Schiff setzte sich in Bewegung und glitt langsam wieder die Schlucht hinauf auf den Fluß. Dann legte Djadja-em-anch die Arme fest an den Körper, und im gleichen Augenblick floß das Wasser wie geschmolzenes Wachs in die Schlucht zurück und füllte

sie aus. Kurz darauf floß der Strom wieder dahin wie eh und je, und auf ihm schwamm die königliche Barke. Eine leichte Brise kräuselte den Wasserspiegel, und die Wellen plätscherten gegen den Schiffsleib.

Der Pharao, der dem allen staunend zugesehen, rief aus: „Djadja-em-anch, mein teuerer Bruder! Du bist der größte und mächtigste Zauberer auf der Welt!"

Und nach einer Weile fügte er hinzu: „Du hast mir große Freude geschenkt. Dank dir durfte ich heute eines der seltsamsten Wunder schauen. Doch nun denke über deinen Lohn nach, den du dir verdient. Wisse, was immer du dir wünschst, ich werde es erfüllen. Und von heute an sollst du bei allen Beratungen und Verhandlungen neben mir sitzen, sofern du es wünschst. So lautet mein Wille."

Ein warmer Spätnachmittag brach an, die Barke schwamm majestätisch auf dem breiten Strom, und zwanzig schöne Jungfrauen, in goldene Netzgewänder gehüllt und mit kostbarem Schmuck im Haar, ruderten und sangen dazu gar lieblich.

Der Herrscher lächelte zufrieden und froh. Von jenem Tag an irrte der Pharao nie mehr gelangweilt durch die Gänge und Säle seines Palastes. Immer, wenn er das Bedürfnis nach Zerstreuung verspürte, erinnerte er sich an seinen Zauberer, und dem mangelte es nie an Einfällen, wie er seinem Herrn und Gebieter mit wundersamen Zaubern und nie gesehenen Kunststücken die Zeit vertreiben konnte.

Nur ein einziges Mal in seinem langen Leben konnte der Zauberer nicht vor seinem Herrn erscheinen, als dieser nach ihm rief. Und das deshalb, weil er schwer krank und für längere Zeit ans Bett gefesselt war.

Damals ließ Pharao Snofru alle seine Weisen, Schreiber und Gelehrten zusammenkommen und sprach zu ihnen: „Wisset, euer Herrscher wird von Langeweile geplagt, seine Tage fließen eintönig und langsam dahin wie das Wasser im Nil, und niemand weiß ihn zu zerstreuen. Sucht mir einen Menschen, der weise, unbescholten und freundlich ist und auch gewählt zu reden versteht, damit er mir Geschichten erzählen kann, die meinen Ohren schmeicheln."

Die Weisen, Schreiber und Gelehrten knieten vor dem Pharao nieder und riefen: „O mächtiger Pharao, ewiges Leben in Gesundheit und Frische sei dir beschieden! Unter uns ist heute ein einfacher Mann, ein Schreiber, redlich und tapfer wie kein zweiter. Er heißt Neferti. Befiehl, und er wird vor dich hintreten."

„Neferti, teurer Freund, dein Herr und Gebieter will mit dir sprechen. Tritt näher und erzähle mir etwas, was meine Sinne gefangen nimmt und mich aufheitert!" befahl der Pharao.

Der Schreiber Neferti trat vor den Herrscher und fragte: „Willst du etwas hören, was bereits geschah, oder etwas, was erst geschehen wird?"

„Heute erzähle von dem, was in der Zukunft liegt", entschied der Herrscher und befahl dem obersten Schreiber, jedes Wort mitzuschreiben.

Neferti richtete seinen Blick in die endlose Ferne, atmete tief ein und hob mit kräftiger Stimme zu sprechen an: „Schlage, mein Herz, und vergieße Tränen über dieses Land, in dem du zu schlagen begonnen, und enthülle, was vor ihm liegt, verschweige nichts!"

Und dann fuhr er leiser fort: „Ganz Ägypten ist dem Untergang geweiht. Vernichtet werden wird dieses Land. Und keiner wird sein, der sich seiner annimmt. Schwarze Wolken werden die Sonne so verhüllen, daß man die Hand nicht vor den Augen sieht, und ein schrecklicher Sturm wird wüten.

Ich sehe Beduinen, wie sie durch unser Land ziehen. Alle Feinde lehnen sich auf und fallen zusammen mit den Asiaten über unser Land her. Unsere Armee wendet sich zur Flucht, vergebens sucht der Heerführer die fliehenden Krieger aufzuhalten. Die Soldaten gehorchen ihm nicht mehr, werfen die Waffen weg, haben nichts anderes im Sinn, als das nackte Leben zu retten.

Ich sehe endlose Not und großen Schmerz. Jeder sorgt nur für sich selbst, jeder sucht Brot und Wasser zu erhaschen nur für sich, keiner hilft dem anderen. Der Bruder haßt den Bruder und der Sohn den Vater. Die Herzen der Menschen sind verhärtet, haben Liebe und Aufrichtigkeit längst vergessen.

Das Gesetz gilt nichts mehr, das Verbrechen hat die Macht an sich gerissen. Die einst fruchtbaren Felder liegen brach, es gibt nicht genug Getreide, und schreckliche Hungersnot herrscht in ganz Ägypten. Mehr Bettler und Herrn gibt es als arbeitende Menschen, und alle zusammen essen sie die karge Ernte auf, noch ehe sie eingebracht. Da kommt aus dem Süden Pharao Amenemhet – der Siegreiche. Er nimmt sich die weiße Krone, setzt sich die rote auf und vereint beide Kronen. Freude herrscht wieder im Land, und die Zeiten beginnen sich zu bessern.

Die bösen und feindlich gesinnten Menschen suchen sich in ihrer Angst zu verstecken, die Asiaten werden geschlagen und streng bestraft für ihre Verbrechen. Die Aufrührer werden zum Schweigen gebracht oder des Landes verwiesen.

Der mächtige Herrscher baut zum Schutz gegen seine Feinde eine hohe Mauer. Doch das einfache Volk hegt keine Feindschaft untereinander, und wenn die Asiaten um Wasser bitten für ihre Herden, weisen die Ägypter sie nicht ab. Die Gerechtigkeit nimmt wieder den Platz ein, der ihr zusteht, die Zeit der Rechtlosigkeit ist vorüber. Freude zieht wieder ein in die Herzen der Menschen und vertreibt daraus Haß und Neid.

Ich sehe eine mächtige Königin, die erste Frau, die in Ägypten über Männer und Frauen herrscht, die Königin Hatschepsut. Ich sehe, wie sie mit ihrem erhabenen Vater, dem mächtigen Pharao, das ganze ägyptische Land bereist, vom Nildelta bis zur Insel Elephantine, und wie das ägyptische Volk ihr zujubelt als seiner künftigen Königin.

Ich sehe, wie sie ihr die doppelte Krone aufs Haupt setzen und sie feierlich zur Königin und Herrscherin Ägyptens erklären. Alle Könige der Welt verneigen sich vor ihr und legen ihr die kostbarsten Geschenke ihrer Länder zu Füßen.

Vernehmt, daß während der Herrschaft dieser weisen Königin die Menschen nicht in grausamen Schlachten und Kriegen sterben werden, sondern leben in Frieden und Freude. Sie werden Handel treiben, die Erde bestellen, große Bauten errichten, Statuen meißeln und wunderschöne Wandbilder malen. Und sie werden einander lieben und achten.

Der Gerechtigkeit wird höchste Ehre zuteil und das Unrecht ausgemerzt. Jeder, der der weisen Königin dienen wird, wird froh sein und mir recht geben, weil er Zeuge sein wird, daß alles, was ich gesagt, eintreten wird.

Mein Herz schlägt wieder ruhiger, die Bilder verschwimmen, und ich kehre langsam zurück in die Gegenwart..."

„Einmalig war deine Erzählung, teurer Freund", rief der Herrscher erstaunt. „Man soll dir aus der königlichen Schatzkammer Gold und Silber geben, denn du hast die Trauer und Leere vertrieben, die mich bedrückt, und mein Herz kann sich wieder freuen. Von heute an sollst du im Haus des Prinzen wohnen, und für dein leibliches Wohl werden mein Koch, für deine Bequemlichkeit meine Dienerschaft Sorge tragen. Und ich ernenne dich zum Stellvertreter meines obersten Zauberers und Schreibers Djadja-em-anch, den du heute so meisterhaft vertreten hast. Dies ist mein Wille und Befehl!"

So wurde ein gewöhnlicher Schreiber zum hohen Hofbeamten, und zusammen mit dem Zauberer Djadja-em-anch versetzte er den Herrscher noch so manches Mal in Staunen.

PHARAO CHEOPS UND DER ZAUBERER DJEDI

Als Pharao Snofru sich zu dem Göttergefolge begeben hatte, das den strahlenden Re in seiner goldenen Barke über den Himmel begleitete, bestieg sein Sohn den Thron, der große Pharao Cheops und Erbauer der größten Pyramide.

Der Pharao umgab sich am Königshof mit Weisen, Gelehrten und den besten Schreibern und ließ sich von ihnen gern wundersame Geschichten erzählen von unglaublichen Abenteuern, Zaubern und Wundern.

Einmal saß Pharao Cheops auf seinem Thron im Audienzsaal des Königspalastes. Auf dem Kopf trug er die Doppelkrone, und vor ihm stand sein Sohn Djedefhor.

„Weshalb bist du gekommen, mein lieber Sohn?" fragte der Pharao. „Willst du mir vielleicht eine wundersame Geschichte erzählen? Oder hast du Sorgen und brauchst meinen Rat?"

„Nichts von beidem, mein teurer Vater. Ich bin vor dir erschienen, um dir von einem Zauberer zu berichten, der dich mit eigenen Augen sehen läßt, wovon du bisher nur erzählen gehört."

„Und wer ist jener weise Mann und mächtige Zauberer, mein Sohn?"

„Es ist ein einfacher Mann, er heißt Djedi und wohnt nicht weit von hier. Er ist der älteste Mann im Land und ißt bis heute jeden Tag eine ganze Fuhre Brot und eine Ochsenkeule, und dazu trinkt er hundert Krüge Bier. Er kann einen abgeschlagenen Kopf wieder derart mit dem Leib zusammenfügen, daß das jeweilige Wesen wieder lebendig ist wie zuvor. Und er weiß auch einen Löwen so zu bändigen, daß der ihm schmeichelnd um die Beine streicht wie eine Katze", antwortete Prinz Djedefhor.

Der Pharao befahl sogleich seinen Trägern, einen schwarzen Ebenholzsessel mit goldenem Rankenschmuck auf eine Sänfte zu heben und darin den Zauberer zu holen.

Und dann empfing der Herrscher den Weisen in der Säulenhalle seines Palastes.

„Wie kommt es, Meister der Zauber und Wunder, daß ich dich noch nicht gesehen habe?"

„Mächtiger Pharao, es war mir nicht bekannt, daß ich jederzeit zu dir kommen kann. Nun aber hast du nach mir geschickt, und ich stehe vor dir", antwortete der Greis.

„Ist es wahr, daß du einen abgeschlagenen Kopf derart mit dem Leib zusammenfügen kannst, daß das entsprechende Wesen wieder lebendig ist, wie es zuvor gewesen?"

„Zauberkraft, Weisheit und Erfahrung des Alters dürften das wohl vollbringen", erwiderte Djedi.

„Führt einen zum Tode Verurteilten herbei!" befahl der Pharao. „Und bringt auch gleich den Scharfrichter mit, auf daß er das Urteil vollstrecke!"

Doch der Zauberer gebot ihm Einhalt.

„Einen Menschen nicht, o Herr!“ rief er. „An Menschen darf man derartige Zauberkünste nicht ausprobieren. Der allmächtige Re würde uns zürnen. Man soll ein anderes Lebewesen holen, irgendeinen Vierbeiner oder einen Vogel, und ihm den Kopf abschlagen.“

Die Diener brachten eine Ente herbei und schlugen ihr den Kopf ab. Den Kopf legten sie auf der westlichen Seite der Säulenhalle auf den Boden und den Rest auf der östlichen. Der Weise murmelte ein paar geheimnisvolle Worte, da erhob sich der Entenleib und watschelte schwankend auf die Saalmitte zu. Und das gleiche geschah mit dem Kopf. In der Mitte des Saales taten beide Teile einen Sprung, fügten sich zusammen zu einem Ganzen, und schon schnatterte die Ente so laut, daß es im ganzen Palast widerhallte.

Dann wiederholte der Weise das Zauberkunststück an einer Gans.

„Und nun holt irgendein großes Tier, am besten einen Stier!“ befahl der Pharao, der staunend dem Schauspiel zugesehen hatte.

Also führten die Diener an einem Strick einen Stier herein und schlugen ihm den Kopf ab. Der Zauberer richtete sich hoch auf, sprach eine Zauberformel, und siehe da, Kopf und Leib wuchsen zusammen, das Tier stellte sich auf alle viere und lief zu dem Zauberer hin.

„Bruder Djedi, du bist mächtiger Zauber und Wunder kundig!“ rief der Pharao staunend. „Ich bin glücklich, den größten Zauberer der Welt meinen Freund und Berater nennen zu können, denn das sollst du von Stund an sein. Aber bitte, führe mir doch noch ein Wunder vor!“

„Soll ich dir, o großer Pharao, einen Löwen zähmen, das stärkste und stolzeste Tier der Wüste?“

„Ich glaube dir auch so, daß dies für dich eine Kleinigkeit ist, und dennoch würde ich gern ein solches Wunder mit eigenen Augen sehen“, erwiderte der Herrscher und ließ einen Löwenkäfig holen.

Der König der Wüste, der in dem Käfig steckte, brüllte wütend und schlug rasend mit seinen Pranken um sich.

Der Zauberer trat zu dem Käfig, richtete sich hoch auf, blickte dem Tier in die Augen und sprach geheimnisvolle Zauberworte. Dann öffnete er den Käfig, drehte ihm den Rücken zu und schritt langsam zum Eingang der Säulenhalle. Der Löwe kam aus dem Käfig heraus, gähnte und lief dann dem Zauberer nach. Und als er ihn eingeholt hatte, legte er sich zu dessen Füßen, leckte ihm die Hände, und Djedi kraulte ihm den Kopf. Nach einer Weile führte der Zauberer den Löwen in den Käfig zurück, den die Diener schnell wieder fest verschlossen. Kaum aber hatte der Zauberer wieder einen seiner Sprüche gesagt, da tobte der Löwe wie zuvor, brüllte und bleckte die Zähne, als wolle er alle Welt in Stücke reißen.

„Das wunderbarste aller wundersamen Wunder hast du mir heute vorgeführt und ein Schauspiel ohnegleichen!“ rief der Pharao begeistert. „Dafür soll man dir aus meiner Schatzkammer Gold und Silber auszahlen, soviel du nur willst. Und von heute an wirst du im Haus des Prinzen Djedefhor wohnen, und täglich wird man dir Brot, Bier, einen Ochsen und hundert Bund Zwiebeln zuteilen. Und wann immer du wünschst, sollst du mich besuchen können und wirst mir stets willkommen sein. Dies ist mein Wille und Befehl!“

DRITTER TAG

„Ehrwürdiger Schreiber, solche Zauber und Wunder, wie du sie uns gestern erzählt hast, würde ich auch gern einmal sehen", erklärt Prinz Caesarion, als anderntags der allmächtige Re von neuem strahlend aufzieht. „Könntest du uns nicht wenigstens eins davon vorführen?"

„Soll ich, erhabener Prinz, eine Wachsfigur lebendig werden lassen oder ein altes Krokodil zähmen oder den Lauf des Flusses aufhalten?" fragt der Hofschreiber.

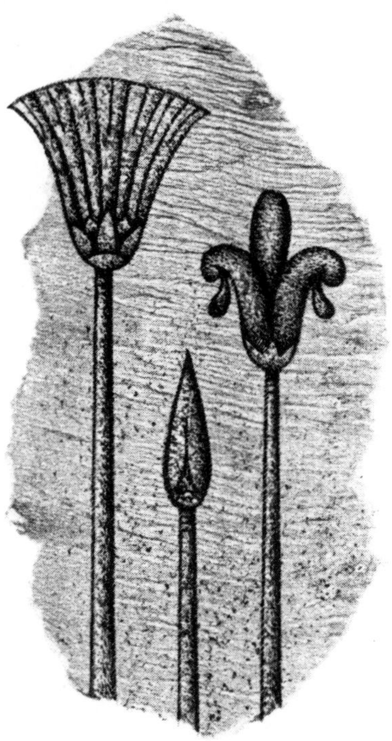

„Ich bin überzeugt, daß es für dich eine Kleinigkeit wäre“, mischt sich da Königin Kleopatra in das Gespräch. „Doch wir haben keine Zeit für des Prinzen Laune. Sag lieber, wovon du uns heute erzählen willst.“

„Mächtige Königin, edler Prinz. Heute sollt ihr Geschichten hören von euren Vorfahren, die sich nicht nur in Kriegen, sondern auch durch ihre Weisheit und Gerechtigkeit Ruhm erworben haben. Und auch von den weiten Reisen und Abenteuern eines Prinzen und Höflings sollt ihr hören.“

SINUHETS FLUCHT UND RÜCKKEHR

Groß war der Ruhm des mächtigen Pharao Amenemhet II., der unseren beiden Ländern Frieden und Wohlstand schenkte. Und es war zur Zeit seiner Herrschaft, als am Pharaonenhof ein edler, tapferer Jüngling namens Sinuhet im Rang eines Offiziers Dienst tat.

Doch mehr als an Ruhm und Reichtum dachte der junge Offizier an die Tochter des Pharao, die wunderschöne Prinzessin Nofru. Und auch Nofru war Sinuhet von Herzen zugetan.

Da wurde Pharao Amenemhet plötzlich vom Tode dahingerafft. An seiner Stelle bestieg sein Sohn Sesostris den Thron und heiratete,

wie es damals bei Hofe Brauch war, seine Schwester, Prinzessin Nofru.

Sinuhet war todunglücklich, die geliebte Nofru an der Seite eines anderen zu sehen, und wenn es der mächtige Pharao persönlich war, das ging über seine Kräfte. Lieber wollte er weggehen. Vielleicht würde sein wundes Herz irgendwo in der Ferne Ruhe finden.

Viele Tage und Nächte floh Sinuhet fern von Städten und Dörfern entlang ausgedörrter Wildnis. Er durchquerte das Nildelta, durchwanderte das Land der Inseln und des Schilfrohrs, bis er dorthin kam, wo die Grenze zwischen Ägypten und den Wüstenländern Asiens verläuft. Er überschritt die Grenze und gelangte in die heiße Wüste. Seine Kehle war ausgetrocknet, der Hals brannte, und der Durst war unerträglich. Da ließ er sich in den Sand fallen und schloß mit seinem Leben ab.

Indem hörte er aus der Ferne Vieh brüllen. Mit letzter Kraft schleppte er sich, immer dem Brüllen folgend, in das nahe Nomadenlager. Der Häuptling des asiatischen Nomadenstammes war zum Glück einst Gast des Pharao gewesen und erkannte Sinuhet. Er pflegte den zu Tode erschöpften Jüngling, bis der langsam wieder zu Kräften kam, und nahm ihn in seinen Stamm auf. So zog Sinuhet mit den asiatischen Nomaden von Tal zu Tal, von Wüste zu Wüste, bis er ins Land der Zedern kam. Dort hörte der Herrscher jenes Reiches, ein mächtiger Fürst, von ihm und befahl Sinuhet zu sich.

„Warum hast du Ägypten verlassen?" fragte der Fürst Sinuhet. „Erzähle mir von dir und deiner Wanderschaft."

Sinuhet wagte nicht, dem Fürsten die Wahrheit zu gestehen. Wer weiß, ob der ihn dann nicht in Fesseln nach Ägypten zurückgeschickt hätte. Und so antwortete er denn:

„Edler Fürst, der mächtige Pharao, der Herrscher beider Ägypten, ist zu Re aufgestiegen. Die Nachricht von seinem Tode hat mich derart erschüttert, daß ich den Verstand verlor und kopflos aus der Heimat floh. Es war, als hätte irgendeine überirdische Kraft meine Sinne gelähmt und meinen Schritt gelenkt in dein Reich. Ich liebte Pharao Amenemhet und ich diente ihm treu und gut."

„Und was wird mit dem ägyptischen Reich nun, da sein Herrscher gestorben? Wird Frieden und Ruhe herrschen im Land, oder werden Unruhen ausbrechen?“ fragte der Fürst.

„Der Sohn des verstorbenen Pharao hat den Platz seines Vaters eingenommen“, antwortete Sinuhet. „Der neue Pharao ist klug und gerecht. Auch ist er ein tapferer Heerführer, und niemand weiß so mit dem Schwert umzugehen wie er. Schicke deine Gesandten zu ihm und biete ihm deine Dienste an. Wisse, er wird seine Verbündeten stets zu achten wissen.“

Der Fürst hörte ihm zu und sagte dann: „Gut ist es um Ägypten bestellt, wenn es seinen Pharao stark und mächtig weiß. Ich werde tun, was du mir geraten. Doch was du mir von deiner Flucht erzählt, Ägypter, das scheint mir wenig glaubwürdig. Ich hätte große Lust, dich in deine Heimat zurückzuschicken.“

„Tu es nicht, edler Fürst“, ließ sich der erste Berater des Fürsten vernehmen. „In Ägypten sagt man von Sinuhet, daß er mit Schwert und Schild umzugehen versteht wie nur wenige Männer auf der Welt. Sein Pfeil soll nie sein Ziel verfehlen und seinen schnellen Beinen kein Feind entkommen. Er kennt alle Geheimnisse der Kriegskunst. Ein solcher Mann kann uns nur von Nutzen sein.“

„Ich gebe nicht allzuviel darauf, was man sich erzählt, solange ich mich nicht selbst überzeugt habe“, antwortete der Fürst und wandte sich dann an Sinuhet: „Ägypter, du kannst in meinem Land bleiben, und ich werde dich reich belohnen, wenn du den Riesen tötest, der in den Bergen hinter der Stadt haust. Er hat sich dort an dem Gebirgspaß niedergelassen, der zum Bergsee führt, und läßt keinen Menschen passieren, denn er will das ganze kristallklare Wasser des Sees für sich allein haben. Ein paar meiner tapfersten Männer wollten ihn überwinden, aber er hat sie alle erschlagen. Ich schickte ein ganzes Heer gegen ihn aus, doch nur eine Handvoll Soldaten kehrte zurück. Die anderen hat er mit Pfeilen erschossen, mit dem Speer erstochen oder mit dem Schwert erschlagen. Und so müssen meine Leue das warme, schmutzige Flußwasser trinken. Wenn du aber nicht mit dem Riesen kämpfen willst, so lasse ich dich in Stricken nach Ägypten zurückschicken. Du hast keine Wahl, Ägypter. Dies ist mein Wille und Befehl!"

„Edler Fürst", erwiderte Sinuhet. „Ich werde den Unhold zum Kampf herausfordern, doch brauche ich dazu Waffen, denn die meinen habe ich in der Wüste weggeworfen, als ich vor Durst und Erschöpfung halbtot war."

„Der Wachhauptmann wird dir die Waffen geben, die du verlangst, und wird dich im Zelt für hohe Gäste unterbringen."

Sinuhet dankte dem Fürsten und folgte dem Hauptmann in das Zelt, um sich dort auszuruhen, Pfeil und Bogen zu richten, Dolch und Speer zu schärfen und seine Rüstung zu putzen.

Am frühen Morgen versammelte sich das gesamte Volk auf dem weiten Plateau vor der Stadt. Als Sinuhet erschien, da jubelten die Menschen ihm entgegen.

Indem aber trat von drüben, von der Bergseite her, der Riese auf das Plateau. Aller Lärm und Jubel verstummten mit einem Schlag. Der Riese hatte ein ganzes Waffenarsenal bei sich und schritt stolz und hochmütig heran, den Gegner siegessicher von oben herab messend. Er trug einen schweren Schild, eine Streitaxt, ein paar Lanzen, einen riesigen Bogen und so viele Pfeile wie für eine ganze Abteilung Bogenschützen.

Die Frauen und Männer bemitleideten Sinuhet und flüsterten untereinander: „Niemand ist so stark, daß er den Riesen besiegen könnte. Armer Sinuhet, das ist sein Ende. Und wir werden verdursten."

Indem ertönte ein Schlachtruf, der den Menschen das Blut in den Adern gerinnen ließ. Und schon schleuderte der Riese dem Ägypter seine Lanzen entgegen und schoß einen Pfeil nach dem anderen ab. Aber der gewandte Sinuhet wich geschickt den fliegenden Lanzen und Pfeilen aus. Der Riese brüllte ein zweites Mal, packte seine schwere Streitaxt, schwang sie über dem Kopf und stürzte sich auf seinen Gegner. Im gleichen Augenblick schoß Sinuhet seinen Pfeil ab und sprang zur Seite. Der Riese schlug mit seiner Axt ins Leere, schwankte und stürzte rücklings auf die von der Sonne versengte

Erde. In seinem Hals steckte Sinuhets Pfeil. Es war ein Meistertreffer des Ägypters, der im nächsten Augenblick hinzusprang und dem Riesen seinen Speer ins Herz stieß. Dann stellte er sich auf des Riesen Brust und ließ weithin seinen Siegesschrei ertönen.

Die Menschen jubelten, umarmten einander vor Freude und ließen den tapferen Sinuhet hochleben.

Der Fürst, der dem Kampf zugesehen, rief Sinuhet zu sich und sprach: „Ich sehe, daß du wirklich ein Held bist, wie es nur wenige gibt auf der Welt. Zum Lohn ernenne ich dich zu meinem obersten Heerführer und befehle dir, mein Land vor allen Eindringlingen zu schützen. Und ich gebe dir meine älteste Tochter zur Frau und mit ihr auch das fruchtbarste Land meines Fürstentums."

Und dann rief er so laut, daß alles Volk auf dem Plateau es hörte: „Seht alle her, hier ist mein Erbe und Nachfolger, euer künftiger Fürst!"

Sinuhet war im Land der Zedern glücklich und zufrieden. Am Anfang dachte er noch oft an die geliebte Nofru, und die Sehnsucht nach ihr preßte ihm das Herz zusammen. Aber wie die Zeit verging, verblaßten auch die Erinnerungen und fielen bald in Vergessenheit. Er hatte ja alles, was sein Herz sich wünschen konnte. Er wohnte in einem prächtigen Palast, wo ihn treue Diener umsorgten. Mit einer Meute rassiger Windhunde jagte er in den Bergen das Wild. Er war berühmt, weil er aus jeder Schlacht als Sieger hervorging, und er wurde von der Tochter des Fürsten, von seiner jungen, anmutigen Frau, geliebt. Und als diese ihm zwei Söhne schenkte, da fehlte Sinuhet nichts mehr zum Glück.

Der Ägypter Sinuhet war nach dem Fürsten der mächtigste und reichste Mann im Land der Zedern. Viele Jahre verwaltete er es gemeinsam mit ihm, und als der Fürst für immer seine Augen schloß, da wurde Sinuhet zum alleinigen Herrscher des ganzen Fürstentums.

Die Jahre vergingen und mit ihnen auch Sinuhets Glück, denn seine geliebte Frau war nach einer unheilbaren Krankheit gestorben. Als der unglückliche Sinuhet seine teure Gefährtin zu Grabe getragen hatte, da mußte er auf einmal erkennen, daß ihn nichts mehr mit dem

Land der Zedern verband. Freilich, er hatte zwei erwachsene Söhne, aber die verwalteten ihre eigenen Ländereien, die er ihnen zugewiesen hatte, und dachten kaum noch an den einsamen Vater.

Übermächtig wurde Sinuhets Heimweh nach Ägypten, nach der Heimat seiner Vorfahren, und er wünschte nichts sehnlicher, als vor seinem Tode noch einmal die Herrin von Ober- und Unterägypten zu sehen, die Königin Nofru, die er einst so geliebt.

Und so setzte sich der unglückliche Ägypter eines Tages hin und schrieb dem mächtigen Pharao Sesostris einen Brief, in dem er um Gnade und Erlaubnis bat, nach Ägypten zurückkehren und seine letzten Jahre in der Heimat verbringen zu dürfen.

Der Bote mit der Antwort des Pharao kam eher, als Sinuhet zu hoffen gewagt hatte.

„Kehre nach Ägypten zurück, kehre heim in das Land, in dem du geboren und wo du meinem Vater treu gedient. Laß nicht zu, daß der Tod dich in der Fremde ereilt. Hier warten, wenn du einst die Augen für immer schließt, kostbare Balsame und eine goldene Hülle auf dich, und du wirst feierlich und mit allen Ehren zu Grabe getragen werden, und dem Trauerzug werden Sänger vorangehen und Grabhymnen singen. Vor deinem Grabmal wird der Zug stehenbleiben, und Tänzerinnen werden den Todestanz tanzen. Deine letzte Ruhestätte aber soll inmitten der Grabstätten der königlichen Prinzen und höchsten Würdenträger sein. Beeile dich, auf daß dich der Tod nicht in der Fremde überrascht."

Als der Bote zu Ende gelesen hatte, warf sich Sinuhet vor Freude auf die Erde und streute sich Asche aufs Haupt. Und als er sich wieder erhoben hatte, jubelte er: „Der Pharao, der mächtige Pharao hat mir verziehen. Ich, der ich zu dem Barbaren floh, darf heimkehren. Solche Güte ist mehr, als ich verdient. Wie glücklich bin ich doch, die letzten Tage meines Lebens in der Heimat verbringen zu dürfen."

Sinuhet übergab die Herrschaft über das Land der Zedern seinem ältesten Sohn, und dann zog er mit seinem Gefolge den Weg, den er einst gekommen, durch Wüsten und über Berge, bis er die erste ägyptische Stadt erreichte. Dort erwartete ihn bereits ein Schiff des Pharao. Sinuhet verabschiedete sich von seinen Begleitern, hieß die Segel hissen und fuhr nilaufwärts zur Hauptstadt des Pharao. Am zweiten Morgen legte das Schiff dort im Hafen an.

Am Ufer warteten zehn ägyptische Würdenträger und zehn der ersten königlichen Höflinge. Die begrüßten Sinuhet feierlich und geleiteten ihn dann in den Palast.

Der mächtige Pharao saß auf einem goldenen Thron, den Blick starr geradeaus gerichtet. Sinuhet warf sich vor ihm auf die Erde und blieb reglos liegen. Da winkte der Pharao einem der Höflinge, Sinuhet aufzuheben und sprach alsdann: „Sei gegrüßt, Sinuhet! Endlich hast du den Heimweg durch die Wüste gefunden und bist zurückgekehrt zu uns, ins heimatliche Ägypten. Du bist alt geworden und sicher glücklich, daß dein Körper am Tage deines Todes in Ägypten begraben wird und nicht von Barbaren in Schaffellen in fremder Erde verscharrt. Und nun erzähle, wie es dir ergangen!"

Sinuhet fürchtete trotz aller Freundlichkeit den Zorn und die Strafe des Pharao, und so antwortete er wie ein überführter Sünder, der vor einem strengen Richter steht:

„Verzeih, o edler Herrscher, wenn ich nicht zu antworten vermag. Eine seltsame Beklemmung verschnürt mir die Kehle. Die gleiche Angst und unbegreifliche Gewalt hat mich vor Jahren aus Ägypten getrieben. Ich stehe vor dir, mächtiger Pharao, der du ewig leben mögest, und mein Leben liegt in deiner Hand. Verfüge darüber, wie es dir beliebt."

Der Pharao befahl den Dienern, Königin Nofru zu holen. Der Augenblick, auf den Sinuhet so lange gewartet hatte, nahte. Endlich sollte er die Frau wiedersehen, die er in seiner Jugend mehr geliebt als sein Leben. Wie würde ihn Nofru empfangen?

„Sieh nur, Sinuhet ist gekommen, aber als Fremder, wie ein Barbar aus der Wüste", sagte der Pharao, als die Königin in den Saal trat.

Nofru konnte ihre Enttäuschung nicht verbergen und einen kurzen Aufschrei nicht zurückhalten. „Das ist er nicht, Pharao, mein Herr und Gebieter, das kann nicht jener edle Sinuhet sein!"

„Gewiß, er ist es", versicherte der Herrscher.

Wie ein scharfes Messer schnitt der Schrei der Königin dem Greis ins Herz. Die Königin erkannte ihn nicht. Sie sah nur einen Fremden und Barbaren in ihm. Wie ungerecht war das Schicksal doch! Und wie sehr hatte er sich auf diesen Augenblick gefreut!

Indem traten die Königskinder zu Sinuhet, betrachteten ihn neugierig aus der Nähe und trösteten ihn: „Fürchte dich nicht, Sinuhet. Uns gefällst du. Unsere Mutter, die erhabene Königin, hat uns oft von deiner Tapferkeit und deinem Edelmut erzählt. Du stehst unter unserem Schutz."

Und dann wandten sie sich an ihren Vater, den Pharao: „Die Krone des Oberen Ägypten schwimmt stromabwärts, die Krone des Unteren Ägypten schwimmt stromaufwärts, und beide vereinen sich auf deinem Haupt. Schütze deine Untertanen vor allem Bösen und lasse ihnen deine Gnade angedeihen. Und auch du höre unsere Bitte, erhabene Mutter und Herrin des Weltalls: Wißt, wir wollen Freunde sein mit diesem Mann, der in Ägypten geboren und sein Land verlassen. Wir wünschen, daß er bei uns lebt und glücklich ist."

Unsagbare Freude erfüllte Sinuhets Herz. Die Königin hatte ihn zwar nicht erkannt, aber sie hatte ihn nicht vergessen. Sie hatte ihren königlichen Kindern von ihm erzählt, und die legten nun Fürbitte ein für ihn.

„Sinuhet, einst Herrscher im Land der Zedern und nun Ägypter, der heimgekehrt ist, um sein Amt bei Hofe einzunehmen, hätte auch ohne eure Fürsprache nichts zu befürchten. Er ist mein Freund, und sein Platz ist unter meinen Fürsten und Hofedlen. Führt ihn in seine Gemächer und übergebt ihm sein Amt. Dies ist mein Wille und Befehl!" erklärte der Pharao.

Solche Großmut und Güte hatte Sinuhet nicht erwartet. Die Königin Nofru lächelte, und ihr Lächeln verriet, daß sie ihre Jugendfreundschaft nicht vergessen hatte. Glücklich verließ Sinuhet den Audienzsaal. Die Königskinder nahmen ihn bei den Händen und führten ihn zum Palast hinaus.

Sinuhet wohnte von nun an im Haus des königlichen Kronprinzen. Endlich schlief er wieder auf einem weichen Lager und hatte den Sand denen überlassen, die auf ihm lebten. Der Pharao schenkte ihm große Ländereien, und nach einiger Zeit befahl er den Hofzimmerleuten, für Sinuhet ein neues Haus, und den Steinmetzen, ihm eine steinerne Pyramide zu bauen.

Und so bekleidete Sinuhet, der ägyptische Offizier, der in jungen Jahren zu den Barbaren geflohen war, im Alter ein hohes Amt bei Hofe. Nun war er ein naher Freund des Pharao und der ganzen königlichen Familie und wußte, daß man ihn dereinst im heimatlichen Ägypten begraben würde, in einem prunkvollen Grabmal gleich neben den Pyramiden der Prinzen, Prinzessinnen und höchsten Würdenträger. Keinem anderen Höfling war im Alter solch ein Glück und Ansehen beschieden wie Sinuhet.

DER BEREDTE FELLACHE

In alten Zeiten lebte inmitten der Wüste in einer kleinen Oase ein einfacher Fellache namens Chuenanup. Von Zeit zu Zeit bepackte er seine drei Esel, lud ihnen Säcke mit allen möglichen Waren auf, die er auf dem Markt verkaufen wollte: Salz und Salpeter, Edelholz, Panther- und Schakalfelle, Heilkräuter und Straußenfedern. An die Säcke band er dann noch Käfige mit lebenden Tauben, Rebhühnern und Wachteln und pilgerte mit den schwer beladenen Packeseln ins fruchtbare Nildelta, um dort seine Ware für Gerste und Weizen einzutauschen.

Einmal, als er feststellen mußte, daß die Kornvorräte zu Ende gingen, sagte er zu seiner Frau: „Im Speicher sind nur noch ein paar Maß Korn. Geh und backe daraus Brot und braue Bier. Tu von dem Brot zur Seite, was du für dich und die Kinder brauchst, den Rest packe mir als Wegzehrung ein. Morgen ziehe ich wieder einmal los."

Am anderen Tag nahm der Fellache das restliche Brot und das Bier, bepackte seine Esel und machte sich auf den langen und beschwerlichen Weg.

Chuenanup zog durch die glühende Wüste, durch die steinerne Hochebene und über die hohen Berge und kam schließlich ins Tal zum Fluß. Dort mußte er an dem Anwesen des Bauern Dehutinecht vorüber, eines Geizhalses und Diebes. Seinen Herrn, den Oberverwalter Rensi, dessen Land er verwaltete, betrog er nach Strich und Faden, und die Landarbeiter, die für ihn arbeiten mußten, schindete er bis aufs Blut. Als der geizige Bauer in der Ferne die vollbepackten Esel entdeckte, da loderte sogleich die Flamme der Habgier in ihm empor. Die Tiere samt den Waren mußte er in seinen Besitz bringen!

Er lief zu seinem Haus, das direkt am Wege stand und wo der Fellache seine Esel vorbeitreiben mußte. Der Weg war an dieser Stelle schmal. An der einen Seite war der Fluß, der ihn halb überspülte, und an der anderen wuchs des Bauern Gerste. Dehutinecht rief seine Diener und ließ sich ein großes, langes Stück Stoff bringen, und den legte er so über den Weg, daß das eine Ende im Wasser lag und das andere auf den Gerstenhalmen.

Chuenanup kam mit seinen Eseln bis zu der Stelle, wo der Stoff den Weg versperrte, und blieb stehen.

„Paß auf deine Esel auf!“ rief der Bauer gleich. „Wehe, wenn sie auf meinen Stoff trampeln!“

„Ich will dir keinen Kummer bereiten, Herr“, antwortete der Fellache. „Ich werde aufpassen.“ Und schon wollte er durch die Gerste.

Dehutinecht erhob ein fürchterliches Geschrei: „Seit wann führt der Weg durch meine Gerste? Du vernichtest mir ja die ganze Ernte!“

„Und wo sonst soll ich gehen? Durch den Fluß kann ich nicht, und durch die Gerste läßt du mich nicht, und über den Weg darf ich auch nicht, weil du den Stoff darüber gebreitet hast. Warum läßt du mich nicht in Frieden ziehen?“

Wie er so sprach und dabei nicht auf seine Esel aufpaßte, rupfte das eine Tier eine Handvoll Halme ab und kaute sie vergnügt.

Der Bauer aber sah es wohl. Er tobte: „Da hast du es! Dein Esel frißt meine Gerste! Kennst du das Gesetz? Es sagt, daß ich dir in diesem Falle den Esel wegnehmen kann. Und wer weiß, ob der andere nicht auch genascht hat? Ich beschlagnahme alle beide und dazu noch alles, was sie tragen, als Strafe für die vernichtete Ernte!“

„Seit Jahren schon ziehe ich hier vorbei, aber noch nie ist mir so etwas passiert. Und nun willst du mir auch noch wegen ein paar Gerstenhalmen alles wegnehmen. Doch wisse, ich kenne den Herrn dieses Landes. Es ist der Oberverwalter Rensi, der alle Diebe und Räuber gerecht bestraft. Er wird nicht zulassen, daß ich auf seinem Grund und Boden beraubt werde!“

„Hier bin ich der Verwalter!“ rief der Bauer. „Mein Wort gilt mehr als das deine. So einem armen Schlucker wie dir glaubt sowieso niemand.“

Dann rief er seine Diener, und die trieben die Esel mitsamt ihrer Ladung in den Stall des Bauern. Und als der arme Fellache zu jammern und klagen anhob, prügelte ihn Dehutinecht windelweich, so daß Chuenanup nur noch lauter schrie.

„Sei sofort still und schlag nicht solchen Lärm, oder ich schicke dich ins Land der ewigen Stille!“ drohte der Bauer. „Wenn sie dir die Zunge abschneiden, kannst du dich beschweren, soviel du willst. Niemand wird dich hören!“

Da verstummte Chuenanup lieber, aber der gerechte Zorn verließ ihn nicht.

„Du hast mich geschlagen, hast mir meine Esel und meine Waren geraubt, und nun willst du auch noch meinen Lippen die Klage nehmen? Und vielleicht soll ich dir dafür auch noch dankbar sein. Wisse, ich gehe nicht eher von hier, als bis du mir mein Hab und Gut zurückgegeben!“

Chuenanup setzte sich vor Dehutinechts Haus und verlangte zehn Tage lang sein Recht. Der Bauer tat, als sähe und höre er ihn nicht. Am elften Tag erhob sich der Fellache und ging zu dem Oberverwalter Rensi. Als er dort ankam, trat dieser gerade aus seinem Haus und hatte es sehr eilig, zu seiner Amtsbarke zu kommen. Chuenanup warf sich vor ihm in den Staub und rief: „Gerechtigkeit, o Herr und Gebieter! Ich fordere von dir Gerechtigkeit gegen den Bauern Dehutinecht, der mich beraubt hat.“

„Jetzt habe ich keine Zeit für dich“, erklärte der Oberverwalter. „Aber ich werde dir einen meiner Beamten schicken, dem kannst du deine Sache vortragen, und er wird alles zu Papier bringen.“

Der Fellache trug dem Beamten seinen Fall vor, und der schrieb alles wortwörtlich auf. Als Rensi am anderen Tag von seiner Reise zurückkehrte, las er das Protokoll durch und übergab es dann seinen Gerichtsbeamten.

Die Beamten meinten: „O Herr, uns scheint, daß dieser Mann nicht die Wahrheit spricht. Wer weiß, ob er nicht fliehen wollte zu einem anderen Herrn. Dehutinecht aber kam dahinter und hat ihn bestraft, wie das bei uns in Ägypten in solchen Fällen üblich ist.

Er hat dem Fellachen seinen Besitz genommen. Wir können doch den reichen Bauern nicht wegen ein bißchen Salz und Salpeter verurteilen. Doch wenn es dein Wille ist, befehlen wir ihm, dem Fellachen alles zurückzugeben."

Der Oberverwalter Rensi überlegte ein Weilchen, aber eine Entscheidung fällte er nicht. Mochten die Beamten selbst der Sache nachgehen. Und auch Chuenanup ließ er keinen Bescheid zukommen.

Der aber gab nicht auf und ging nochmals zu Rensi.

„O Oberverwalter, erster aller hohen Herren und höchster Ordnungshüter. So du auf dem See der Wahrheit schwimmst, wünsche ich dir günstigen Wind. Möge dir nie Böses widerfahren, und mögest du nie Angst und Schrecken kennenlernen müssen. Gesegnet seist du mit allen Gütern."

Nachdem er also so gesprochen, berichtete er von dem Unrecht, das ihm widerfahren, sprach von der Gerechtigkeit, die nicht nur für die Reichen und Mächtigen dieser Welt, und auch von der Weisheit, die die Mutter der Gerechtigkeit ist.

Dem Verwalter gefiel die Rede des Fellachen. Er ließ sich seine Worte durch den Kopf gehen und auch die der Beamten, mit denen er gesprochen hatte. ‚Schlechte Beamte sind das', sagte er sich. ‚Sie wissen, daß dem armen Mann Unrecht geschehen ist und stellen sich doch auf die Seite des bösen, reichen Bauern. Und aus vielem kleinen Unrecht erwächst große Ungerechtigkeit.' Doch er sagte kein Wort. Am nächsten Tag ließ sich der Oberverwalter Rensi bei dem Pharao melden, und als der Herrscher ihn empfing, berichtete er ihm von dem redegewandten Fellachen, der Gerechtigkeit und Bestrafung des Unrechts verlangte.

„Halte diesen Mann in unserer Stadt auf und gib ihm auf keine Frage Antwort", befahl der Pharao. „Je länger du schweigen wirst, um so mehr wird er reden. Und die Schreiber sollen jedes seiner Worte mitschreiben, damit ich sie lesen und mich daran erbauen kann. Denn ich habe eine Vorliebe für schöne Sätze und gewandte Redner. Seiner Frau und seinen Kindern schicke ausreichend Essen, damit sie nicht darben müssen. Und auch ihm laß Brot und Bier zukommen, aber so, daß er nicht weiß, daß es von dir ist. Dies ist mein Wille und Befehl!"

Jeden Tag erhielt nun der Fellache zehn Brote und zwei Krüge Bier, ohne zu wissen, wer der Spender war. Seine Frau hatte auch keine Ahnung, warum ihr die Diener des Oberverwalters jeden Tag drei Maß Gerste brachten. Nein, Hunger brauchte sie wirklich nicht zu leiden. Aber sie machte sich Sorgen um ihren Mann, und die konnte kein Essen und kein Reichtum vertreiben.
Chuenanup kam jeden Tag ins Haus des Oberverwalters und verlangte Recht und Gerechtigkeit:

„Warum hilfst du mir nicht? Warum reichst du nicht der Ehrlichkeit die Hand und läßt Lug und Betrug leben? Doch ich bin überzeugt, daß du weise bist, daß dein kluger Sinn den wahren Lauf der Dinge erkennt und den wahren Wert des Menschen zu ergründen weiß." Und dann sang er ein Loblied auf die Klugheit des Verwalters und auf die Weisheit und Gerechtigkeit des Pharao, des Herrn über aller Menschen Leben.

Die Schreiber schrieben heimlich jedes Wort mit, und der oberste Schreiber las dann am Abend dem Pharao alles vor. Der Herrscher lauschte mit großem Interesse und hatte seine Freude an der Redekunst des Fellachen.

Neun Tage ging das so, und am Abend des neunten Tages sagte Chuenanup zu Rensi: „Neun Tage spreche ich zu dir, aber du hörst mich nicht. Wenn mich auf Erden niemand anhören will, so werde ich ins Reich der Toten gehen. Dort gibt es gewiß mehr Gerechtigkeit als hier. Morgen werde ich dich nicht mehr belästigen." Und er verließ das Haus des Oberverwalters mit dem festen Vorsatz, seinem unglücklichen Leben ein Ende zu machen.

Rensi schickte ihm zwei Diener nach, ihn zurückzuholen. Chuenanup wurde blaß vor Schreck, fürchtete er doch, daß der Oberverwalter ihn für seine gewagte Rede bestrafen wolle.

„Strafe mich nicht, edler Herr, laß mich gehen, damit ich meinem Leben ein Ende machen kann. Ist doch der Tod für einen Verzweifelten, wie ich es bin, wie Wasser für den Verdurstenden oder wie Milch für das Neugeborene. Der Tod bringt ihm Erlösung von Leid und Unrecht."

Doch der Oberverwalter Rensi beruhigte ihn: „Du hast nichts zu befürchten, guter Mann. Der Pharao selbst ist dir gnädig gesinnt. Alles, was du vorgebracht, haben Schreiber auf Papyrusrollen geschrieben, und die hat sich der Herrscher vorlesen lassen. Warte hier. Ich werde mich zum Pharao begeben und dir seine Entscheidung über deinen Streit mit dem Bauern Dehutinecht bringen."

Der große Pharao ließ sich die letzte Mitschrift von Chuenanups Verteidigungsrede vorlesen, die Rensi ihm brachte, und zufrieden mit deren Inhalt sagte er: „Und nun, mein lieber Oberverwalter Rensi, gestatte ich dir, das Urteil zu fällen. Ich zweifle nicht daran, daß es gerecht sein wird und daß du dem habgierigen Bauern Dehutinecht die Strafe zukommen läßt, die er verdient. Urteil, Strafe und Belohnung lege ich in deine Hand. Dies ist mein Wille."

Nach Hause zurückgekehrt, ließ Rensi den Bauern Dehutinecht holen. Dann rief er die Schreiber und befahl ihnen, allen Besitz des Bauern aufzuschreiben, auch, wieviel Sklaven er hatte, wieviel Esel, Schweine und Geflügel, Landgerät, Werkzeug und Vorräte. Selbst das große Haus, das er mit seiner Familie bewohnte, und die Felder, die er verwaltete, vergaßen sie nicht. Und danach sprach der Oberverwalter das Urteil: „Allen Besitz des Bauern Dehutinecht erhält der Fellache Chuenanup als Ausgleich für das Unrecht, das der Bauer ihm angetan. Der Bauer wird zum einfachen Fellachen, und sein einziger Besitz werden seine beiden Hände sein, mit denen er sich auf Chuenanups Feldern das Brot verdienen soll. So lautet mein Urteil!"

Der neue Bauer Chuenanup ließ seine Frau und seine Kinder kommen und lebte mit ihnen auf seinem neuen Gut glücklich und zufrieden. So hatte der tapfere Fellache sich mit seiner Ausdauer und seiner Redegewandtheit Recht und Gerechtigkeit erkämpft.

DER HELDENHAFTE PHARAO

Gestraft ist ein Land, das von fremden Herrschern, Menschen anderen Blutes, regiert wird. Im Norden unseres Landes herrschten einst über einen Zeitraum von hundert Jahren fremde Eindringlinge, die Hyksos. Acht ihrer Könige wechselten einander auf dem Thron des nördlichen Landes ab. Sie bauten sich prunkvolle Tempel und Paläste, lebten in Saus und Braus, während die von ihnen geknechteten Ägypter auf den Feldern und in den Steinbrüchen schufteten und Hunger und Not litten.

Der schlimmste der Fremdherrscher war König Apophis. Und der hatte es sich in den Kopf gesetzt, auch Südägypten zu unterwerfen, in dem Pharao Sekenenrê herrschte.

Er beschloß, dem Pharao Sekenenrê eine Botschaft mit solchen Forderungen zu schicken, die unerfüllbar waren. Und dann wollte er den Süden überfallen. Er ließ seine höchsten Offiziere, Schreiber und Gelehrten kommen und befahl ihnen, eine solche Botschaft aufzusetzen und sich auch solche Aufgaben auszudenken.

Die Beamten, Offiziere, Schreiber und Gelehrten verneigten sich tief und sagten: „O König, der du ewig leben mögest in Gesundheit und Ruhm, dein Wunsch ist uns Befehl!"

Sie steckten die Köpfe zusammen, und nach einer Weile trat der Weiseste von ihnen vor und erklärte: „Höre, König und Gebieter über Tod und Leben, der Pharao wird von dir eine Botschaft folgenden Wortlautes erhalten: ‚Laß auf der Stelle alle Nilpferde ausrotten, die du dir im Kanal deiner Hauptstadt Theben hältst. Wisse, daß ihr Brüllen meine Ohren belästigt und mich nicht schlafen läßt weder bei Tag noch bei Nacht!'

Mächtiger König, mit dieser Botschaft wirst du den Pharao beleidigen, denn es ist töricht zu behaupten, daß deine Ohren das Gebrüll der Nilpferde auf solche Entfernung vernehmen können", fügte der Weise hinzu.

„Das weiß ich allein, das brauchst du mir nicht erst zu sagen“, wies ihn König Apophis zurecht. „Aber wenn nun Pharao Sekenenrê die Nilpferde wirklich töten läßt?“

„Das wird er nicht tun, mein Herr und Gebieter“, erwiderte der Mann. „Welcher Herrscher würde es wagen, sich an heiligen Tieren zu vergreifen, von denen die Ägypter glauben, daß sie unter dem Schutz des allmächtigen Re stehen?“

Nach einiger Zeit traf in Theben ein Bote des Königs Apophis mit einer Nachricht an den Pharao Sekenenrê ein.

„Was für Botschaften und Nachrichten bringst du? Was hat dich zu der langen und beschwerlichen Reise veranlaßt?“ fragte der ägyptische Herrscher.

„Mein Herr und Gebieter, der mächtige König Apophis, schickt mich zu dir, auf daß ich dir seine Botschaft überbringe und dir seinen Willen kundtue“, antwortete der Mann, und dann las er das Ansinnen des Königs vor.

Der Pharao war über die Maßen verwundert und erschrocken, als er die Nachricht vernahm, aber er bewahrte Ruhe und Gelassenheit. Um Zeit zu gewinnen, rief er seine Diener herbei und befahl diesen, den Fremden mit Fleisch, Kuchen, Bier und Wein zu bewirten.

Dann ließ er seine höchsten Offiziere, Räte und Gelehrten kommen und teilte ihnen mit, was sein nördlicher Nachbar und Feind, der König Apophis, von ihm verlangte.

Alle verstummten und erblaßten, als sie vernahmen, was sich der da ausgedacht. Guter Rat war hier teuer.

Erst nach geraumer Weile hatten sie sich soweit gefaßt, daß sie sich beraten konnten. Schließlich erhob sich der weiseste und gelehrteste von ihnen, der hundertjährige Schreiber der königlichen Papyrusrollen, und sprach: „Mächtiger Pharao, wir müssen Zeit gewinnen, um uns auf den Kampf mit dem Feind vorbereiten zu können. Schicke deshalb König Apophis Antwort, daß du seine Botschaft vernommen und nachdenken wirst, ob du ausführen kannst, was er von dir verlangt. Bis der König dir antworten kann, wird dein Heer gerüstet sein.“

Wie der weise Mann geraten, so geschah es. Nach einiger Zeit erschien wieder ein Bote aus dem Norden, warf sich vor dem Pharao in den Staub und sprach: „König Apophis sendet dir, mächtiger Pharao, seine Antwort. Und die lautet: Ich werde gegen dich in den Krieg ziehen, denn das Brüllen der Nilpferde von Theben stört noch immer meinen Schlaf."

Kaum war der Bote des Königs Apophis gegangen, berief Pharao Sekenenrê seinen Rat der Weisen ein.

„Mächtiger Pharao, Angriff ist besser als Verteidigung", riet der hundertjährige Weise. „Ziehe mit deinem Heer an die Grenze deines Landes. In der Nacht muß das Heer unbemerkt die Grenze überschreiten, sich an geeigneter Stelle verbergen und dem Feind aus dem Hinterhalt in den Rücken fallen. Wenn du und dein Heer tapfer seid, werdet ihr gewinnen."

„Oh, an Tapferkeit soll es uns nicht fehlen!" erklärte Sekenenrê.

Mutig warfen sich die Ägypter auf die verhaßte riesige Armee der Eindringlinge. Sie griffen sie von den Flanken an und von hinten, als sich die Feinde gerade einen Weg durchs Nildelta bahnten. An der Spitze der Ägypter stand ein hervorragender Streiter, der Pharao Sekenenrê. Geschickt und kraftvoll ging er mit Schild und Schwert um und teilte nach allen Seiten tödliche Streiche aus. Er bahnte sich einen Weg mitten in das feindliche Heer hinein, und hinter ihm stürmten seine tapfersten Krieger in die Bresche. Die überraschten Hyksos ergriffen zunächst kopflos die Flucht und wurden so zu einer leichten Beute der Ägypter. Aber dann sammelten sie sich doch wieder und setzten sich zur Wehr, und es hob ein grimmiger Kampf an von Mann zu Mann.

Am tapfersten schlug sich Pharao Sekenenrê. Im Eifer des Gefechts bemerkte er gar nicht, wie er sich immer weiter von seinen Kampfgefährten entfernte und plötzlich allein mitten unter den Feinden stand. Mit seinem riesigen Schwert hieb er wie besessen um sich und mähte die Reihen seiner Gegner nieder.

Da aber schlich sich einer der fremden Soldaten von der Seite heran und schleuderte sein Kriegsbeil gegen den Pharao. Sekenenrê schwankte. Indem sprang von rechts ein anderer herbei und traf den Pharao mit der Lanze an der Stirn. Und ein dritter schwang mit voller Kraft seine Axt und spaltete dem Helden den Kopf.

Die Eindringlinge brachen jubelnd in Siegesgeschrei aus. Doch verfrüht. Als die Ägypter ihren Herrscher fallen sahen, da wurden sie von solch rasender Wut gepackt, daß nichts und niemand ihren furchtbaren Schlägen gewachsen war.

Der heldenhafte Pharao Sekenenrê war nicht vergebens gefallen. Sein Tod hatte den Ägyptern neue Kraft gegeben. Solche Kraft, daß sie aus dem schweren und ungleichen Kampf als Sieger hervorgingen.

Voll Ehrerbietung verneigten sich die ägyptischen Krieger vor dem Leichnam ihres geliebten Herrschers und trugen ihn auf einer Sänfte in die Hauptstadt Theben. Dort balsamierten die Priester ihn mit kostbaren Ölen ein, bedeckten sein Antlitz mit einer goldenen Maske und bestatteten ihn feierlich in dem königlichen Felsgrabmal.

Die Herrschaft über das südliche Reich übernahm Sekenenrês Gemahlin, die Königin Ahhotep. Ihre drei Söhne aber kämpften weiter gegen die feindlichen Eindringlinge und befreiten schließlich das ganze ägyptische Land.

In beiden Ländern herrschte große Freude. Endlich war Ägypten wieder frei und vereint.

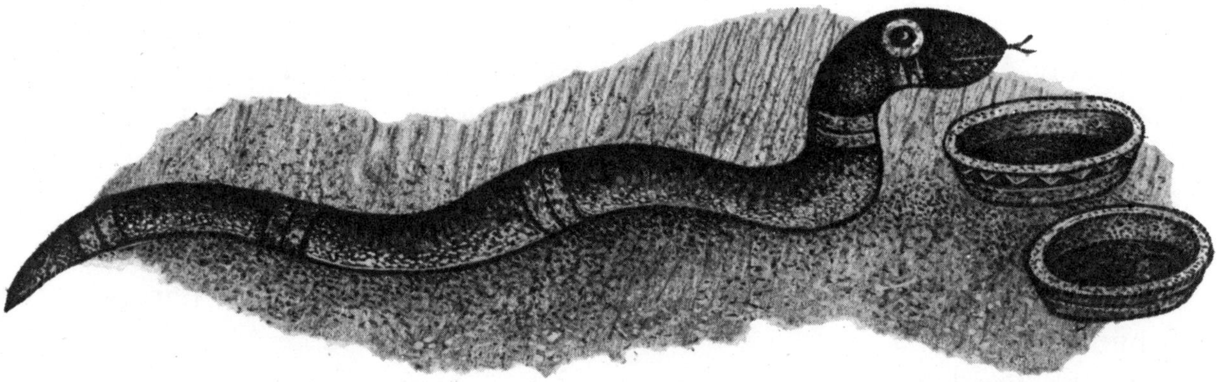

Niemand auf der Welt weiß, wie oft der Nil das fruchtbare grüne Tal überschwemmt hatte seit jener Zeit, da in unserem Land ein unglücklicher Pharao herrschte, der lange weder einen Sohn noch eine Tochter bekommen konnte. Groß war des Pharao Sehnsucht nach einem Kind, vor allem nach einem Sohn und Nachfolger, und noch größer seine Freude, als sich das Schicksal seiner schließlich doch erbarmte und ihm seinen größten Wunsch erfüllte. Die Königin schenkte einem Knaben das Leben.

Doch die Freude wurde schon bald getrübt, als die Diener dem Pharao meldeten, daß soeben sieben Hathoren, Schicksalsgöttinnen, den Palast betreten hätten, um dem Kind sein Schicksal in die Wiege zu legen.

Die sieben Frauen beugten sich über das Neugeborene und sprachen: „Du wirst durch einen Hund oder durch eine Schlange oder durch ein Krokodil umkommen!“

Und verschwanden wieder.

Der König überlegte, wie er den Sohn vor dem bösen Schicksal, vor der dreierlei Gefahr, bewahren könnte. Er wollte dafür sorgen, daß es ihm an nichts fehlen würde, daß er in Sicherheit aufwuchs und die böse Prophezeiung sich nicht erfüllte!

Weit in der Wüste, an einer Stelle, wo es weder Krokodile noch Schlangen noch Hunde gab, ließ er deshalb ein großes Haus aus Stein errichten, und dort versteckte er den kleinen Prinzen. Zwei der getreuesten Diener suchte er aus, die sollten ihn wie ihren Augapfel hüten. Auch ein Marmorbad ließ er dort anlegen und einen Garten mit einem kleinen See und zauberhaften Bäumen und Blumen.

Der Prinz wuchs in dem fernen Haus auf, umgeben von Dienerschaft, Komfort und Langeweile, und wußte nichts von der Vielfalt der Welt. Als er größer war, vertrieb er sich die Zeit damit, aufs Dach zu steigen und von oben die öde Wüste ringsum zu beobachten. Unsagbar lockte ihn der ferne Horizont, wo der gelbe Sand eins wurde mit dem blauen Himmel.

War dort das Ende der Welt? Oder sah hinter jenem Strich die Welt ganz anders aus?

Einmal, als er wieder aufs Dach gestiegen war und sich umschaute, da erstarrte er vor Staunen. Durch die Wüste ging ein Mann, und vor ihm sprang irgendein Lebewesen auf vier Beinen her.

„Was ist das?“ fragte der Prinz den neben ihm stehenden Diener. „Was tollt dort vor dem Mann einher?“

„Das ist ein Hund.“

„Ich will auch einen haben!“ verlangte der Prinz. „Er gefällt mir. Geh, und besorg mir einen!“

Der Diener verneigte sich stumm und eilte zum König, diesem des Prinzen Wunsch zu übermitteln. Der Pharao aber gedachte der Weissagung und konnte sich lange nicht entscheiden.

‚Aber ich sollte dem Prinzen doch eine Freude machen. Er hat ihrer so wenig in dem steinernen Haus in der Wüste. Und ein kleines Hündchen wird ihm schon nichts tun‘, sagte er sich schließlich.

„Bringt dem Prinzen einen Welpen!“ befahl er dann. „Ich will, daß mein Sohn nicht so allein ist.“

Der Prinz bekam einen kleinen Windhundwelpen und war glückselig. Er spielte mit ihm und nahm ihn überall mit, und das Hündchen tollte vergnügt um ihn herum und heiterte den Prinzen auf. Sie wurden die besten Freunde.

Doch die Jahre bleiben nicht stehen – für keinen Menschen auf der Welt. Auch des Pharao Sohn wuchs zu einem jungen, kräftigen Mann heran. Manches hatte er mit der Zeit von der Dienerschaft erfahren, manches sich selbst zusammengereimt, und eines Tages suchte er den Vater auf.

„O Pharao, verehrter Vater, bitte sage mir, warum du mich in dem steinernen Haus gefangenhältst. Jeder gemeine Mann ist freier als ich, der Sohn des Herrschers dieses Landes. Ich komme um vor Sehnsucht nach der Welt. Ich möchte Wälder sehen, Flüsse und Seen, möchte hören, wie die Vögel singen, über Meere und Ströme fahren, Fische und Enten fangen und in den Wäldern Hirsche jagen und wilde Leoparden. Ich will schöne Mädchen beim Tanz bewundern und mich bezaubern lassen von ihrem Gesang."

„Mein lieber Sohn, wisse, sieben Hathoren haben dir ein böses Schicksal in die Wiege gelegt. Du sollst entweder durch ein Krokodil oder durch eine Schlange oder durch einen Hund umkommen. Deshalb hüte dich vor deinem Windspiel. Und fordere das Schicksal nicht heraus, bleibe lieber in deinem steinernen Palast", warnte der Pharao seinen Sohn.

„Mächtiger Pharao, mein lieber Vater, höre mich an! Ich will die Welt kennenlernen, denn ich fühle, daß irgendwo dort das Glück auf mich wartet. Und selbst wenn sich die Prophezeiung schon bald erfüllen und mein Glück nur von kurzer Dauer sein sollte, so werde ich es nicht bereuen. Lieber ein Tröpfchen wahren Glückes als ein langes, eintöniges Leben in dem steinernen Haus in der Wüste. Laß mich in die Welt hinaus gehen", bat der Prinz.

Der Pharao mußte schließlich nachgeben und seinen Sohn ziehen lassen. Er schenkte ihm sein goldenes Zauberzepter, vor dessen Macht die Feinde Ägyptens entsetzt flohen. Und er gab ihm einen Wagen und ein Pferdegespann, die besten Waffen und die treuesten Diener mit. Dann begleitete er den Prinzen bis ans Ostufer des Nils und wünschte ihm eine glückliche Reise. Der treue Windhund begleitete seinen Herrn.

Der Prinz mußte erst einmal durch die Wüste, und als er die hinter sich hatte, zog er weiter, wo immer es ihm gefiel, und jagte das Wild, das ihm über den Weg lief.

Einmal verfolgte er eine schnellfüßige Gazelle und verletzte sich dabei den Fuß an einem scharfen Stein. Die Wunde war noch kaum verheilt, da zog er wieder weiter, sein Glück zu suchen.

Kurz danach kam er ins Zedernland, das in Mesopotamien lag. König Nahrin, der Herrscher jenes Landes, hatte eine einzige Tochter, die überall als Perle der Schönheit galt. Der König hatte ihr ein steinernes Haus bauen lassen mit Fenstern, die siebzig Fuß über der Erde lagen. Und als das Haus fertig war, hatte er Boten ausgeschickt zu allen Fürsten und deren Söhnen, sie einzuladen an seinen Hof. Er wollte demjenigen seine Tochter zur Frau geben, der bis zu ihrem Fenster hinaufklettern konnte. Doch soviel sich die Fürstensöhne auch immer anstrengten, keinem gelang es, das Fenster der Prinzessin zu erreichen.

Eines Abends stieß auch der Sohn des ägyptischen Pharao zu ihnen. Sie begrüßten ihn freundlich, führten ihn in ihr Haus, bereiteten ihm ein Bad, rieben ihn mit duftenden Ölen ein und versorgten auch seine Pferde und seine Dienerschaft. Dann baten sie den Prinzen zu Tisch, und bei der Gelegenheit fragten sie ihn, wer er sei und woher er komme.

„Ich komme aus Ägypten. Mein Vater ist Offizier und befehligt die Wagentruppen“, log der Prinz.

„Und warum bist du hergekommen?“

„Meine Mutter ist gestorben, und die zweite Frau, die mein Vater geheiratet hat, haßt mich. Da bin ich lieber in die Welt gegangen.“

Die Fürstensöhne umarmten ihn mitleidig und nahmen ihn gern unter sich auf.

Am nächsten Tag beobachtete der Prinz verwundert, wie seine neuen Freunde versuchten, die steile Mauer hochzuklettern, und fragte sie, was das alles zu bedeuten habe.

„König Nahrin hat eine wunderschöne Tochter, die man die Perle der Schönheit heißt. Wer bis zu ihrem Fenster klettert, der erhält sie zur Frau.“

„Wenn ich nicht einen wunden Fuß hätte, würde ich es auch versuchen. Aber ich habe mich bei der Jagd verletzt, als ich einer schnellfüßigen Gazelle nachsetzte. Sobald die Wunde verheilt ist, werde ich mich euch anschließen“, erklärte der Prinz.

Die Fürstensöhne versuchten immer wieder, bis zu dem Fenster hinaufzuklettern, hinter dem die Prinzessin stand. Und der Prinz begleitete die Fürstensöhne jedesmal und starrte zum Fenster der Prinzessin hinauf, denn er hätte gern gewußt, ob sie wirklich so schön war, wie man von ihr behauptete.

Nur ein einziges Mal, nur für einen kurzen Augenblick, erhaschte er ihr Bild und entflammte sogleich in heißer Liebe zu ihr. Nun war es für ihn beschlossene Sache, daß er auch sein Glück versuchen würde.

Als der Fuß endlich gänzlich geheilt war, trat er zu der Mauer des steinernen Hauses. Die Liebe zu der Prinzessin flößte ihm Kraft ein und auch Geschicklichkeit. Es dauerte nicht lange, und er hatte das Fenster erreicht. Und schon umarmte und küßte ihn die Prinzessin, denn ihr war der hübsche und stattliche Jüngling schon lange aufgefallen.

Die Diener eilten sogleich zu ihrem König, ihn von dem Geschehen zu unterrichten.

„Und welcher von meinen Fürsten ist sein Vater?“ fragte der König.

„Keiner“, antworteten die Diener. „Jener tapfere Jüngling ist ein Ägypter, und sein Vater ein Offizier.“

Da wurde der König zornig und rief: „Ich werde doch meine Tochter nicht irgendeinem gewöhnlichen Ägypter zur Frau geben! Auf der Stelle jagt diesen unverschämten Kerl aus meinem Reich. Er soll sich ja nie wieder an meinem Hof sehen lassen!“

Die Diener gingen zu dem Prinzen und teilten ihm den Beschluß des Königs mit.

Da aber nahm die Prinzessin den Prinzen bei der Hand und schwor: „Bei dem allmächtigen Re, wenn ihr diesen Jüngling wegjagt, höre ich auf, Speise und Trank zu mir zu nehmen. Doch ich werde weder

verhungern noch verdursten, weil ich zuvor an Herzeleid sterbe!"

Die Diener berichteten sogleich dem König, was die Prinzessin geschworen. Und der König wurde noch zorniger und schickte seine Bewaffneten hin, die sollten den Prinzen auf der Stellte töten.

Als die Prinzessin die Soldaten herankommen sah, umarmte sie ihren Auserwählten und rief verzweifelt: „Beim allmächtigen Re, wenn ihr diesen Jüngling tötet, stoße ich mir den Dolch ins Herz, noch ehe die Sonne untergeht. Ich will keinen Augenblick länger leben als er!"

Da wagten die Bewaffneten nicht, den Schützling der Prinzessin zu töten. Sie gingen zum König zurück und berichteten, was sie gesehen und gehört hatten.

Der König überlegte eine Weile, dann ließ er seine Tochter und den fremden Jüngling rufen.

„Sage mir etwas über deine Herkunft!" befahl er dem Prinzen.

„Ich bin der Sohn eines ägyptischen Offiziers, der die Wagentruppen befehligt", antwortete der Prinz. „Meine Mutter ist gestorben, und mein Vater hat wieder geheiratet. Die Stiefmutter aber haßt mich, und deshalb bin ich von zu Hause weggegangen."

„Du bist also der Sohn eines ägyptischen Offiziers. Da hast du sicher das Kriegshandwerk im Blut. Und daß du tapfer und geschickt bist, das hast du ja bereits bewiesen. Einen solchen Krieger wie dich brauche ich gerade. Einer meiner Fürsten, der Herrscher der großen Stadt Joppe, hat sich gegen mich aufgelehnt. Er hat seinen Sohn nicht geschickt, sich um die Hand meiner Tochter zu bewerben, und verweigert mir schon lange den fälligen Tribut. Ja, er hat mir sogar geschrieben, ich solle mir das Geld mit meinem Heer holen, wenn ich den Mut hätte, es mit ihm aufzunehmen. Ich selbst werde nicht mit ihm kämpfen. Dafür ernenne ich dich, Ägypter, zum Befehlshaber meines Heeres und befehle dir, die stolze Stadt einzunehmen und den aufsässigen Fürsten in die Schranken zu weisen, wenn du meine Tochter zur Gemahlin haben und nach mir die Herrschaft über das Land der Zedern antreten willst. Wenn du aber diese Aufgabe nicht erfüllst, kostet es dich das Leben."

„Ich liebe deine Tochter mehr als mein Leben, König", erwiderte der Prinz. „Deinen Vorschlag nehme ich an, doch habe ich eine Bitte: Laß dein Heer mit ägyptischen Waffen ausrüsten und es auch auf ägyptische Weise kleiden und frisieren."

„Das sind zwar seltsame Wünsche, doch es mag sein", meinte der König. „Hauptsache, du zwingst den aufsässigen Fürsten in die Knie."

Als alle Vorbereitungen beendet waren, zog der Prinz mit dem Heer zur Stadt Joppe und nahm natürlich auch das Zauberzepter mit, das er von seinem Vater bekommen hatte. Eine Meile vor der Stadt ließ er das Lager aufschlagen. Die Stadt war mit mächtigen Wällen und starken Mauern befestigt, von deren Zinnen die spitzen Lanzen der Verteidiger aufragten. Nein, so leicht war diese Stadt nicht einzunehmen.

‚Das Zauberzepter nützt mir vorläufig nicht viel', überlegte der Prinz, ‚denn ich kann die Verteidiger der Stadt nicht mit seinem Glanz blenden, solange sie hinter diesen starken Mauern stecken. Da hilft nur eine List.'

Am anderen Tag befahl der Prinz, zweihundert große Körbe zu flechten und eine Anzahl Ketten und Fesseln zu schmieden. In jeden Korb kam ein Krieger, Waffen, Ketten und Fesseln, ehe er verschlossen und versiegelt wurde. Dann ließ der Prinz auf halber Entfernung von den Stadttoren, wo es weder einen Baum noch einen Strauch gab, hinter dem jemand hätte im Hinterhalt lauern können, ein großes Zelt errichten und an dessen Rückseite die Körbe aufstellen. Und als dies alles getan, schickte er Boten zum Fürsten von Joppe und ließ dem folgendes ausrichten: „Unser Herr ist der Sohn des ägyptischen Pharao und will dir seine Unterstützung gegen den König Nahrin anbieten. Er besitzt des Pharao Zauberzepter, mit dessen Hilfe ihr jenen eingebildeten Herrscher besiegen werdet. Er will mit dir alles in dem Zelt besprechen, das er auf halbem Wege zwischen seinem Lager und deiner Stadt hat errichten lassen."

Natürlich freute sich der Fürst von Joppe und versprach, in das Zelt zu kommen.

Und der Prinz ließ Fleisch, Kuchen, süße Früchte und vor allem viele Krüge voll Bier und berauschendem Wein in das Zelt schaffen.

Als der Fürst erschien, setzte der Prinz sich mit ihm zum Gelage. Sie aßen und tranken und besprachen, wie sie die Welt untereinander aufteilen wollten. Denn wer würde sich ihnen widersetzen können, da sie doch im Besitz des Zauberzepters waren?

Als der Prinz merkte, daß der Wein dem Fürsten zu Kopfe gestiegen und sein Gesicht erhitzt war, hob er den Becher und sprach: „Trinken wir auf unseren Bund und unsere gemeinsame Weltherrschaft! Als Beweis für meine Freundschaft nimm von mir ein kostbares Geschenk entgegen."

Er führte den schwankenden Fürsten zur Rückwand des Zeltes, zeigte auf die zweihundert Körbe und öffnete den ersten.

„Sieh, hier ist, was die Welt beherrscht", sagte er. „Gold! Mein Vater, der mächtige Pharao, hat mir zweihundert Körbe voll mit Gold auf meinen Kriegszug mitgegeben. Er will, daß ich das Land der Zedern erobere. Allein mit meinem kleinen Heer würde ich es kaum schaffen, aber gemeinsam werden wir siegen und uns Beute und Land brüderlich teilen. Nimm, o Fürst, den Reichtum entgegen, bezahle davon deine Soldaten, und den Rest behalte für dich."

Der Fürst war außer sich vor Freude und nahm das kostbare Geschenk entgegen.

Der Prinz ließ jeden Korb an einen Stock hängen und wählte zu jedem zwei tüchtige Männer aus, kräftig genug, das schwere Gewicht zu tragen. Daß sie noch aus ganz anderem Grund tüchtig sein mußten, davon wußte der Fürst natürlich nichts. Und dann befahl er dem Zug, sich in Richtung Stadttor in Bewegung zu setzen.

Der Fürst rief einen Offizier, der ihn begleitete, und gab ihm ein Geleitschreiben, damit die Torwachen die Träger mit ihrer kostbaren Last ungeschoren passieren ließen.

Als die Soldaten mit den Körben losgezogen waren, bat der Fürst noch den Prinzen: „Ach, Bruder, kannst du mir nicht das Zauberzepter zeigen? Ich habe so viel davon erzählen gehört und möchte es für mein Leben gern einmal mit eigenen Augen sehen."

„Wenn du willst, warum nicht“, meinte der Prinz und holte das Zepter aus einem Beutel hervor, den er heimlich in einer Ecke des Zeltes versteckt hatte. „Sieh es dir nur an, Herr der Stadt Joppe!“

Der Fürst schaute das Zepter an und unterlag im gleichen Augenblick dessen Zaubermacht. Er konnte sich nicht mehr von der Stelle rühren und wohl auch kaum noch die Worte des Prinzen wahrnehmen, als dieser nun zu ihm sprach: „Ich bin wirklich der ägyptische Prinz, der Sohn des mächtigen Pharao. Aber ich bin auch der Freund deines Königs, dessen einzige Tochter meine Frau werden soll. Sieh es dir nur gut an, das Zepter, dem der allmächtige Re seine unendliche Kraft eingehaucht hat! Und wisse, Verräter und Aufrührer wie du verdienen strenge Strafe!“

Bei diesen Worten ballte er die Hand zur Faust und versetzte dem Fürsten einen so kräftigen Schlag, daß dieser in die Knie sank und im nächsten Augenblick von dem Prinzen mit Stricken und Ketten gefesselt wurde.

Zur gleichen Zeit öffneten sich die Tore der Stadt Joppe, um den langen Zug von Trägern mit ihren Körben einzulassen. In der Stadt öffneten die Männer dann die Körbe, holten ihre Gefährten und die Waffen und Ketten heraus und fielen gemeinsam über die nichtsahnenden Verteider her. Und sie hielten diese solange in Schach, bis der Prinz mit der Verstärkung da war.

Geblendet vom Glanz des goldenen Zepters warfen die Aufrührer ihre Waffen weg und ergriffen in panischem Entsetzen die Flucht. Doch sie kamen nicht weit. Der Prinz und seine Mannen hatten sie bald eingefangen und banden alle Männer und Frauen der Stadt mit Stricken und Ketten.

Ruhmvoll war die Rückkehr des Prinzen an den Hof des Königs Nahrin. Zwei lange Wagenreihen waren vollbeladen mit reicher Beute: goldenen Armreifen, Perlenketten, Duftölen, feinsten Stoffen und eisernen Waffen. Und hinter den Wagen schritt ein schier endloser Zug von Gefangenen, an der Spitze der besiegte Herrscher der Stadt Joppe mit seiner Familie.

König Nahrin hielt sein Versprechen und verheiratete den

Prinzen mit seiner schönen Tochter. Als Hochzeitsgeschenk gab er dem jungen Paar einen herrlichen Palast, riesige Ländereien und Herden und viele Sklaven und Sklavinnen.

Eine Zeitlang lebte der Prinz mit seiner Frau glücklich und zufrieden. So glücklich, daß er sogar das böse Schicksal vergaß, das ihm bei seiner Geburt prophezeit worden war.

Doch einmal ging er im Garten spazieren und sah im Gras eine große schwarze Schlange. Da fiel ihm die Weissagung wieder ein, und er bekam Angst, sie könne sich bald erfüllen und seinem Glück ein jähes Ende bereiten. Von jener Stunde an quälte ihn dieser Gedanke so sehr, daß er keinen Schlaf mehr fand.

Die Prinzessin merkte wohl, daß sich ihr Gemahl verändert hatte, aber sie wußte nicht warum. Und da sie ihn über die Maßen liebte und ihn gern glücklich gesehen hätte, gab sie eines Tages ihrer Besorgnis Ausdruck und fragte ihn nach dem Grund.

Der Prinz zögerte erst, doch dann sprach er: „So wisse denn, daß mir die Hathoren dreierlei Schicksal prophezeit haben: Ich soll entweder durch eine Schlange oder durch ein Krokodil oder durch einen Hund umkommen.“

„Du mußt sofort deinen Hund töten lassen!“ verlangte die Prinzessin. „Überall folgt er dir und gibt dir keine Ruhe.“

„Meinen Hund töten? Nie und nimmer! Das kannst du nicht von mir verlangen. Ich habe ihn von klein auf großgezogen, habe mich nie von ihm getrennt, und er hat mich stets begleitet und aufgeheitert. Er ist mein treuester Freund.“

Als die Sonne untergegangen war und der Wind sich gelegt hatte, legte sich der Prinz auf sein Ruhelager und schlief fest ein. Die Prinzessin aber blieb auf. Sie holte eine Schüssel mit duftendem Wein und eine Schüssel mit schwerem, berauschendem Bier und stellte beide mitten im Schlafgemach auf den Boden. Dann versteckte sie sich mit einem Beil in der Hand in einer Zimmerecke. Die ganze Nacht wachte sie, tat kein Auge zu. Und sie wartete nicht vergebens. In der nächtlichen Stille kam die Schlange gekrochen und schlängelte sich leise zum Lager des Prinzen. Auf halbem Weg aber verhielt

sie, von dem Duft des Weines und Biers angelockt. Sie trank beide Schüsseln aus und fiel auf der Stelle betäubt in einen bleiernen Schlaf. Da sprang die Prinzessin beherzt herbei und schlug der Schlange den Kopf ab und dann zerhackte sie sie in kleine Stücke. Als dies vollbracht, weckte sie den Prinzen, zeigte ihm die tote Schlange und sprach: „Sieh! Eines deiner Schicksale liegt besiegt zu deinen Füßen." Der Prinz freute sich, und sein Herz wurde von neuer Hoffnung erfüllt.

„Vielleicht entgehe ich meinem Schicksal doch noch", sagte er und dankte dem allmächtigen Re und seiner treuen Frau, daß sie ihn beschützt hatten.

Eines Tages jagte der Prinz an einem See Enten. Sein treuer Windhund war krank, so daß er diesmal seinen Herrn nicht begleiten konnte. In dem dichten Schilf geschah es dann, daß sich der Prinz ungewollt von seinen Jagdgefährten entfernte, den Weg verlor und in einen tiefen See fiel. Plötzlich verspürte er einen starken Schmerz am Bein, und eine gewaltige Kraft zog ihn auf den Grund hinab.

„Ich bin dein Schicksal", sprach ein riesiges Krokodil. „Lange schon warte ich hier auf dich. Nun endlich habe ich dich und kann meine Aufgabe erfüllen."

„Kann mich denn nichts und niemand vor deinen scharfen Zähnen retten?" rief der Prinz in seiner Verzweiflung.

„Es gäbe schon einen Weg. Wisse, ich kämpfe schon drei Monate lang Tag für Tag im Morgengrauen mit einem schrecklichen Wasserunhold um die Herrschaft im See. Wenn du mir versprichst, mir zu helfen und mit dem Unhold zu kämpfen, lasse ich dich frei. Und wenn du ihn besiegst, ist meine Macht über dich gebrochen", antwortete das Krokodil.

„Aber wie soll ich ihn töten, wenn du selbst ihm nicht gewachsen bist?"

„Das ist deine Sache. Ich sage dir nur, wo du den Unhold findest und wann er am schwächsten ist. Jeden Mittag, wenn er sich vollgefressen hat, liegt er in der Sonne auf dem Ufer am Wald. Ein Krokodil riecht er selbst im tiefsten Schlaf auf dreißig Ellen, aber einen Menschen bemerkt er nicht. Wenn du ihn nicht tötest, so werde ich dich finden und vernichten, und dein Schicksal wird sich erfüllen."

Am nächsten Mittag machte sich der Prinz auf die Suche nach dem Unhold. Ihn am Ufer zu finden, war nicht schwer, denn er schnarchte, daß die Erde bebte. Der Prinz schlich sich leise heran, zog sein Schwert und hieb es dem Unhold mit aller Kraft auf den Kopf. Das Ungeheuer brüllte auf, öffnete die Augen und setzte sich.

Als es den Prinzen erblickte, packte es ihn mit seinen starken, behaarten Pranken und schleuderte ihn wütend auf die Erde. Ein zweites Mal streckte es seine Pranken nach dem Prinzen aus, um ihn zu zerreißen und zu fressen, da ließ es ein wütendes Bellen zurückfahren. Der treue Windhund hatte gespürt, daß seinem Herrn Gefahr drohte, war seinen Wärtern davongelaufen und eilte nun gerade zur rechten Zeit dem Prinzen zu Hilfe. Er sprang den Unhold an und biß ihm die Kehle durch.

Der Prinz umarmte den Hund und sagte mit Tränen in den Augen: „Ich danke dir, treuer Freund, denn du hast mich gerettet. Endlich brauche ich nichts mehr zu fürchten. Die Schlange ist tot, das Krokodil hat keine Macht mehr über mich, und der Hund wurde zu meinem Retter und treuesten Freund."

„Ich bin kein stummes Wesen mehr", sprach da der Hund plötzlich mit menschlicher Stimme. „Jetzt, wo die böse Weissagung gebannt, darf ich sprechen. Wisse, mein Herr und Freund, was dich gerettet hat, das war deine Liebe und Freundschaft zu dem Hund, der dir vom Schicksal zum Todfeind bestimmt war. Ich sollte dich vernichten, du aber hast mich aufgezogen und liebevoll für mich gesorgt. Dafür hat der allmächtige Re dich liebgewonnen und mir aufgetragen, dich zu beschützen."

Der Prinz dankte dem allmächtigen Re und opferte ihm einen Stier, eine Gans und einen Krug Wein. Sein Herz war voller Lebensfreude, und er wünschte nur eins: daß auch sein Vater sich mit ihm freuen könne. Da gestand er seiner Frau, daß er nicht der Sohn eines ägyptischen Offiziers sei, sondern der Sohn des ägyptischen Pharao, des Herrn der Welt, und daß er diesen gern besuchen wolle, um ihm zu erzählen, was er erlebt.

Als König Nahrin die Neuigkeit erfuhr, da verneigte er sich tief vor dem Prinzen und befahl, Wagen und königliche Geschenke bereitzumachen. Und dann begleitete er persönlich den Prinzen und seine Tochter bis an die Grenze seines Reiches.

Der Prinz und die Prinzessin zogen mit ihrem Geleit durch die östliche Wüste und hatten schon fast deren Ende erreicht, als sie plötzlich eine schlanke Gazelle aufscheuchten, die mit graziösen Sprüngen vor ihnen her flüchtete.

Der Prinz bat seine Frau, mit dem ganzen Zug in einem nahen Palmenhain auf ihn zu warten, und jagte auf seinem leichten Wagen wie der Wüstenwind davon. Die Jagdleidenschaft hatte ihn gepackt und trieb ihn immer weiter hinter dem herrlichen Tier her.

Plötzlich erhoben sich vor ihm, wie aus der Erde gewachsen, drei Pyramiden, die bis zum Himmel aufragten und deren Spitzen im Gleißen der Nachmittagssonne leuchteten wie pures Gold.

Der Prinz ließ die Gazelle laufen und blieb stehen. Staunend betrachtete er die riesigen Steinberge, die von Menschenhand erschaffen waren. Und noch mehr bewunderte er eine gewaltige Sphinx, von der nur Kopf, Hals und Schulter zwischen den beiden größten Pyramiden aus dem Sand ragten. Sie stellte den allmächtigen Re – Aufgehende Sonne – in Gestalt eines Löwen mit Männerkopf dar.

Lange stand der Prinz still und betrachtete gebannt die edlen Züge der Sphinx, die ägyptische Königskrone mit dem Kobrakopf und das bestickte Tuch, das Kopf und Hals vor der Sonne schützen sollte. Das alles war aus Stein gemeißelt, nur der Kopf der heiligen Schlange war aus Gold.

Und wie der Prinz so dastand und wie verzaubert die Sphinx anstarrte, da war ihm plötzlich, als ob sich das riesige Steinbild bewege. Die Sphinx reckte sich, als versuche sie, die Sandmassen abzuschütteln, die ihren Leib und ihre Pranken bedeckten. Ihre Augen waren nicht mehr tote Edelsteine in steinernen Löchern, sondern sie flammten und leuchteten und sprachen von Liebe und Güte. Und dann hob die Sphinx zu sprechen an: „Sieh mich an, königlicher Prinz, und wisse, ich bin Re, dein Vater und der Vater aller Pharaonen des Oberen und des Unteren Ägyptens. Es liegt an dir, ob du die weiße Krone Ober- und die rote Krone Unterägyptens tragen und auf dem ägyptischen Thron herrschen wirst und ob sich die Völker der Welt in Ehrfurcht vor dir verneigen werden.

Sieh, wie der heiße Sand mich von allen Seiten bedrängt, wie er mich drückt und mir den Atem nimmt und wie er meinen Leib gefangenhält. Versprich mir, mich als mein ergebener Sohn von dem heißen Sand zu befreien. Halte zu mir, und ich werde stets mit dir sein. Ich werde dich groß und berühmt machen."

Wie verzaubert schritt der Prinz auf die sprechende Steinfigur zu. Da schossen aus ihren Augen leuchtende Sonnenstrahlen, und der Prinz sank zu Füßen der Sphinx ohnmächtig in den Sand.

Als er wieder zu sich kam, tauchte der Sonnenball gerade hinter eine der Pyramiden. Der Prinz erhob sich langsam, schaute auf die halb vom Sand verdeckte riesige Steinfigur, die die Strahlen der untergehenden Sonne rosa färbten, und rief laut: „Allmächtiger Re, mein edler Vater! Wisse, daß ich meinen Schwur erfüllen werde. Und ich schwöre, wenn ich Pharao werde, so soll meine erste Tat als Herrscher sein, daß ich dein edles Steinbild aus dem Sand befreie. Und dann lasse ich an dieser Stelle einen Tempel erbauen und an ihm eine Tafel anbringen, auf der stehen wird, wie ich deinen Befehl ausgeführt."

Daraufhin kehrte der Prinz zu der Prinzessin und seinem Gefolge zurück, und schon bald trafen sie in der ägyptischen Hauptstadt ein, wo der Pharao seinen Sohn, den er längst verloren geglaubt, glücklich in seine Arme schloß.

Und alles geschah dann, wie die Sphinx vorausgesagt. Nach einiger Zeit erklärte der Pharao den Prinzen zum Erben des ägyptischen Thrones. Und bald darauf wurde der Prinz Herrscher Ägyptens. Seinen feierlichen Schwur, den er einst der Großen Sphinx gegeben, erfüllte der neue Pharao gleich in den ersten Monaten seiner Regentschaft.

Er ließ das riesige Steinbild aus dem Sand herausgraben und zwichen den Pranken der Großen Sphinx einen kleinen Tempel erbauen und an diesem eine rote Marmortafel anbringen, auf der in geheimnisvoller Bilderschrift die ganze Geschichte beschrieben ist.

Auch die Große Sphinx erfüllte alles, was sie versprochen. Sie machte den neuen Pharao zu einem der größten und berühmtesten Herrscher Ober- und Unterägyptens und schenkte ihm lange Jahre Gesundheit und Kraft.

VIERTER TAG

„Sieh nur, mein Sohn, und auch du, Schreiber, wie die Löwen dort am Rande der Wüste majestätisch einherschreiten", sagt Königin Kleopatra, als Res goldene Sonnenbarke die nächtliche Finsternis vertrieben und mit ihren Feuerpfeilen den neuen Tag angekündigt hat.

„Wahr sprichst du, o Königin, sie gebärden sich wirklich königlich. Ganz wie ihr Pharaonen. Aber es sind ja auch Könige. Sie herrschen über alle Tiere in der Wüste und in den Bergen", antwortet der Schreiber.

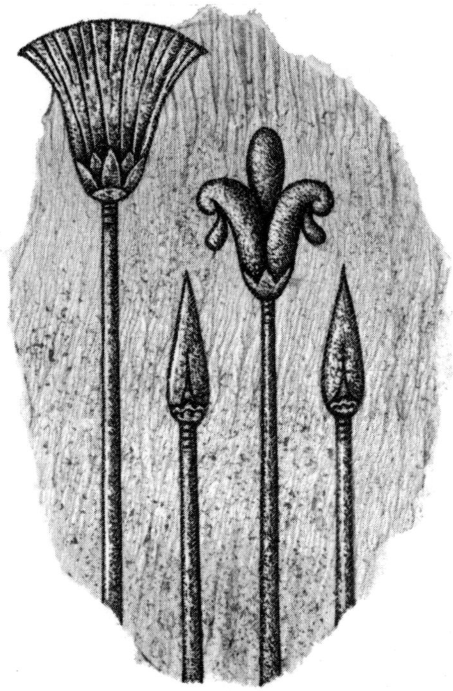

„Aber so klug wie wir sind sie bestimmt nicht“, meint Prinz Caesarion.

„Erhabener Prinz, du wirst dich wundern, wie klug und weise die Herrscher der Tiere sein können. Denn heute sollst du hören, was in den uralten Papyri der Pharaonenbibliothek vom Reich der Tiere und Vögel geschrieben steht. Und du wirst erkennen, daß die Welt der Tiere der Welt der Menschen in vielem ähnlich ist. Und wer weiß, ob dir nicht dereinst die Weisheit der Tiere von Nutzen sein wird.“

VOM LÖWEN

In der Wüste lebte einst ein starker Löwe, der jedes Tier mit Leichtigkeit überwand. Deshalb fürchteten ihn auch alle Tiere weit und breit und zitterten, wenn sie ihn nur in der Ferne brüllen hörten.

Einmal, als er sich gerade gesättigt und seinen Durst gestillt hatte, begegnete er einem Panther mit struppigem Fell und aufgerissener Haut.

„Was ist dir denn passiert? Wer hat dich so zugerichtet?" fragte der Löwe den Panther.

„Der Mensch", antwortete der Panther traurig.

„Wer ist das, der Mensch?" fragte der Löwe verwundert.

„Der Mensch ist das listigste und heimtückischste Wesen auf der Welt", erwiderte der Panther. „Hüte dich vor ihm und geh ihm lieber aus dem Weg!"

‚Mich kann niemand überwinden', sagte sich der Löwe, ‚denn ich bin der stärkste von allen. Ich werde zum Menschen gehen und meine Kraft mit ihm messen. Wir werden ja sehen, wer gewinnt!'

Und so machte sich der Löwe auf die Suche nach dem Menschen. Unterwegs traf er ein Pferd und einen Esel. Im Maul hatten sie Zaum und Trense, zogen einen Wagen hinter sich her und liefen damit, als sei ihnen ein böser Geist auf den Fersen. Der Löwe überholte sie mit mächtigen Sprüngen, verstellte ihnen den Weg und fragte sie: „Wer hat euch an das seltsame Ding da gebunden, und warum flieht ihr damit wie von Sinnen?"

„Der Mensch, unser Herr, hat uns so versklavt", antworteten Pferd und Esel. „Wir sind ihm mitsamt dem Wagen ausgerissen und rennen nun, so schnell wir können, damit er uns nicht wieder einholt."

„Ist denn der Mensch stärker als ihr?" wunderte sich der Löwe.

„Niemand ist so listig wie der Mensch", erklärte der Esel. „Hüte dich vor ihm, sonst wird er auch dich unterjochen."

Der Löwe schüttelte ungläubig den Kopf und lief weiter. Er wollte unbedingt den Menschen finden, um ihm und sich zu beweisen, daß er stärker war.

Nach einer Weile traf er einen Stier und eine Kuh. Sie hatten abgebrochene Hörner, durchbohrte Nüstern und trugen ein Kummet. Der Löwe fragte auch sie, wer sie derart geknechtet habe, und wieder bekam er zur Antwort, es sei der Mensch gewesen, das listigste und heimtückischste Wesen unter der Sonne.

Bald darauf traf der Löwe einen großen, ausgewachsenen Bären, der hatte weder Klauen noch Zähne mehr und bot in seiner Wehrlosigkeit ein gar jämmerliches Bild.

„Hat dich etwa auch der Mensch besiegt?“ wollte der Löwe wissen.

„Du hast es erraten. Es war der Mensch, der mich derart verunstaltet hat. Er hat mich zu seinem Sklaven gemacht und mir befohlen, ihm Nahrung zu verschaffen. Einmal aber, als ich nicht auf der Hut war, hat er mich überlistet. Er versetzte mich mit vergiftetem Fressen in tiefen Schlaf und riß mir alle Klauen aus und brach mir alle Zähne ab. Dann streute er mir noch Sand in die Augen und machte sich mit meinen Klauen und Zähnen aus dem Staub. Ohne sie aber bin ich wehrlos!“

Den starken Bären derart zu erniedrigen, das war eine Schande für alle Tiere! Der Löwe brüllte wütend und sprang davon, den Menschen zu suchen.

„Warte nur, wenn ich ihn erwische, dann wird es ihm schlimm ergehen!“ drohte er.

Da stieß er auf einen seiner Gefährten, einen Löwen, der hatte eine Pranke in einem Baum eingeklemmt und schlug mit den anderen verzweifelt um sich.

„Was ist mit dir los? Wie konnte das geschehen?“ fragte unser Löwe.

„Es war der Mensch“, sagte der andere Löwe. „Wenn du ihn nur von weitem witterst, schlage einen großen Bogen. Und solltest du ihm doch begegnen, so traue ihm nie! Er täuschte mir vor, daß

er das Leben verlängern könne und das Geheimnis der ewigen Jugend besäße. Da bin ich ihm gefolgt, bis wir zu diesem Baum kamen. Er hat ihn mit der Axt gespalten und mir gesagt, ich solle meine Pranke in den Spalt stecken. Und kaum hatte ich so getan, da zog er die Axt heraus, und meine Pranke steckte fest. Als er sah, daß ich gefangen war, da warf er mir Sand in die Augen und ging davon."

Der Löwe brüllte, daß allen Tieren im weiten Umkreis das Blut in den Adern stockte. Und er schwor seinem unglücklichen Gefährten: „Wenn der Mensch mir unter die Pranken kommt, so zahle ich ihm alle Schande und Pein heim, die er dir und den anderen Tieren angetan. Das verspreche ich dir!"

Wie der Löwe so durch Berge und Wüste streifte und den Menschen suchte, da geschah es, daß ihm eine Maus über den Weg lief, klein wie das Ei eines Wüstenhuhns. Schon hob er die Pranke, um das Mäuschen zu zermalmen, da piepste dieses mit dünnem Stimmchen: „Töte mich nicht, König der Tiere! Wenn du mich auffrißt, so stillst du deinen Hunger ja doch nicht. Sieh nur, wie klein ich bin. Schenke mir das Leben, und ich werde es dir dereinst auf gleiche Weise danken. Sollte dir eines Tages das Verderben drohen, glaube mir, ich werde zur Stelle sein, um dich aus deiner Not zu befreien und dir Leben und Freiheit wiederzugeben."

Der Löwe lachte gutmütig und meinte: „Wie wolltest du kleines Ding mir helfen können, mir, dem stärksten aller Tiere? Gibt es doch auf der ganzen Welt kein Wesen, das sich mit mir messen, mit mir kämpfen, geschweige denn mich besiegen könnte. Das glaube ich nie und nimmer."

„Ich schwöre dir, daß ich dich aus deiner Not befreie, wenn dein böser Tag kommt", piepste die Maus überzeugt.

Der Löwe lachte gnädig und sagte: „Du hast wirklich Mut, daß du dir solche Späße erlaubst. Aber eigentlich hast du recht. Wenn ich dich auffresse, werde ich um nichts weniger satt oder hungrig sein als jetzt. Ich lasse dich frei, meine liebe Beschützerin!"

Er ließ die Maus laufen und lachte noch lange laut und vergnügt über ihre Worte.

Sein Lachen hörte ein Mensch, der unweit jener Stelle seine Fallen stellte. Er hatte gerade unter einem Baum eine tiefe Grube gegraben und kletterte nun schnell auf den Baum, wo er sich in dem dichten Laub versteckte, Der Löwe witterte ihn, brüllte laut auf, rannte auf den Baum zu und stürzte in die Grube. Ehe er sich's versah, war der Mensch vom Baum herunter, warf dem Löwen ein dichtes Netz über und band ihn dann mit starken Riemen.

Da war es nun auf einmal vorbei mit dem Hochmut des Herrn der Wüste. Der Mensch hatte seinen Stolz gebrochen, und der Löwe war wehrlos, konnte sich nicht einmal rühren. Brüllen aber wollte er nicht, denn dann hätten ja die anderen Tiere von seiner Niederlage erfahren. Und so lag er still, tat die ganze Nacht kein Auge zu und wartete niedergeschlagen auf den anderen Tag.

Gegen Morgen, als er sich schon mit seinem Schicksal abgefunden und mit dem Leben abgeschlossen hatte, sah er plötzlich die Maus vor sich und meinte, das Schicksal habe sie ihm gesandt, ihn zu verhöhnen zur Strafe für seinen Stolz und Hochmut.

„Erkennst du mich?" piepste die Maus. „Ich bin die, der du gestern das Leben geschenkt hast. Ich bin gekommen, mein Versprechen einzulösen und dich aus deiner Not zu befreien. Du wolltest nicht glauben, daß eine kleine Maus dir einmal von Nutzen sein könnte. Und siehst du, es ist kaum ein Tag vergangen, und schon brauchst du meine Hilfe, König der Wüste. Niemand anders als ich kann dich aus den Klauen des Menschen retten. Doch wisse, ich tue es gern, denn was kann es Schöneres geben, als Gutes mit Gutem zu vergelten. Und noch eines merke dir, König der Tiere: Wer mächtig ist und stark wie du, der sollte nie seine Laune an Schwachen und Hilflosen auslassen. Wer weiß, ob nicht auch er einmal ihrer Hilfe in der Not bedarf."

Dann biß die Maus mit ihren scharfen Zähnchen die Riemen durch, mit denen der Löwe gefesselt war, zerriß die Maschen des Netzes, das ihn gefangenhielt, und kroch in seine dichte Mähne. Der Löwe erhob sich, streckte seinen mächtigen Körper und die steifen Glieder und schritt langsam davon in die Wüste.

DAS ALLESSEHENDE GEIERWEIBCHEN UND DAS ALLESHÖRENDE GEIERWEIBCHEN

Es geschah eines Tages, daß sich in der Wüste zwei gar seltene Vögel trafen. Der eine Vogel, das war ein Geierweibchen, das von sich behauptete, es könne alles sehen, was auf der Welt geschieht. Und das zweite Geierweibchen behauptete wieder, es könne alles hören, was auf der Welt gesprochen wird.

„Meine Augen sind vollkommener als deine Augen, mein Blick ist schärfer als dein Blick. Das, was ich schon gesehen, davon läßt sich ein anderer Vogel nicht einmal träumen", brüstete sich das allessehende Geierweibchen.

„Und was ich erst alles gehört habe, das ist noch keinem anderen Vogel zu Ohren gekommen", sagte nun wiederum das alleshörende Geierweibchen.

„Und was für eine allerneueste Neuigkeit hast du vor unserer Begegnung erfahren?" wollte das allessehende Geierweibchen wissen, weil es nämlich von beiden das neugierigere war.

„Ich habe gehört, wie der Adler zu seiner Frau sagte: ‚Ich bin hoch über der Wüste geflogen und sah, wie eine Eidechse eine Fliege

verschluckte. Kurz darauf wurde die Eidechse von einem Waran gefressen und der wiederum von einer Schlange. Der Schlange bemächtigte sich ein Falke, aber sie war zu schwer für ihn, und er stürzte mit ihr ins Meer.' Du sagst, daß du alles sehen kannst. Schau also ins Meer und sage mir, was mit der Schlange und dem Falken geschehen ist!"

„Alles, was du gesagt, ist wahr", erwiderte das allessehende Geierweibchen. „Die Schlange und den Falken, die ins Meer stürzten, verschlang ein Fisch und diesen wieder ein Wels, der gerade am Strand schwamm. Den Wels sah ein Löwe, der zum Meer kam. Er fischte ihn heraus, um ihn zu fressen. Beide aber, Löwen und Wels, erspähte ein riesiger Greif, packte sie mit seinen Krallen und trug sie auf den Gipfel eines hohen Berges. Dort warf er sie ab, zerriß sie, und jetzt verspeist er sie gerade. Fliege mit mir zu jenem Berg in der Wüste, und du wirst dich überzeugen, daß ich nicht gelogen habe. Ich zeige dir den zerrissenen Löwen und den Wels, wie sie von dem Greif gefressen werden."

Beide Geierweibchen schwangen sich also in die Lüfte und flogen zu jenem Berg. Als sie dort ankamen, sahen sie, daß alles, was sie gesagt, die reine Wahrheit war. Auf dem Gipfel des Berges saß der Vogel Greif. Er hatte die Augen eines Menschen, den Leib eines Löwen und den Schwanz einer Schlange und riß mit seinem Falkenschnabel Stücke von dem Löwen- und dem Welsfleisch ab und ließ es sich schmecken.

Das alleshörende Geierweibchen sagte: „Hier hast du ein Beispiel dafür, daß jedes Verbrechen schließlich gerecht bestraft wird. Wer tötet, wird selbst getötet. Keiner entgeht seiner Strafe, auch der Mächtigste und Stärkste nicht."

„Auch der Vogel Greif, das stärkste Wesen der Tiere, wird bestraft werden", sprach darauf das allessehende Geierweibchen. „Ihn wird eine tückische Krankheit dahinraffen, die ihm der allmächtige Gott Re als Strafe für seine Untaten schickt und gegen die er machtlos ist. Ich sehe ihn schon, wie er sich in Schmerzen windet und stirbt. Du hast recht. Niemand entgeht seiner gerechten Strafe."

VON DEN ZWEI SCHAKALEN

Vor langen Zeiten lebten in der Wüste zwei Schakale, zwei wirkliche Freunde. Sie halfen einander, standen einer dem anderen bei in der Not, teilten Freud und Leid. Sie freundeten sich mit niemandem anderen an und verbrachten alle Zeit gemeinsam. Zusammen gingen sie auf Nahrungssuche, zusammen aßen sie und tranken, und wenn die brennende Sonnenglut unerträglich wurde, suchten sie im Schatten eines Baumes Kühlung.

Einmal, als sie auf der Suche nach etwas Eßbarem nebeneinander durch die versengte Wüstenlandschaft liefen, stürzte plötzlich ein hungriger Löwe, der gerade auf der Jagd war, auf sie zu. Statt die Flucht zu ergreifen und um ihr Leben zu rennen, blieben beide Freunde seltsamerweise stehen.

Als der Löwe bei ihnen angelangt war, fragte er verwundert: „Warum reißt ihr nicht aus vor mir? Seht ihr denn nicht, daß ich euch jage?"

„Das ist wahr, o Herr der Wüste, wir haben wohl gesehen, daß du auf der Jagd bist. Aber wir haben beschlossen, nicht vor dir zu fliehen", antworteten die beiden Freunde. „Wir haben uns gesagt, daß du uns sowieso beikommst, mögen wir auch noch so schnell laufen, und daß es für uns besser ist, wenn du dich nicht unnötig abhetzt. So werden wir wenigstens nicht so lange leiden müssen, wenn du uns frißt, als wenn du dabei abgehetzt und müde bist. Wir wollen lieber einen schnellen Tod sterben als einen langsamen, der viel schmerzhafter ist."

Der Löwe hörte den Schakalen aufmerksam zu und erklärte dann: „Der Erhabene kann die Wahrheit vertragen und Tapferkeit und Mut seiner Untertanen anerkennen. Und er sollte stets großmütig und edel sein den Wehrlosen gegenüber."

Und damit schritt der König der Wüste majestätisch davon und ließ die beiden für diesmal ungeschoren.

DAS GEIERWEIBCHEN UND DIE KATZE

Einst nistete auf einem Baum in der Wüste ein Geierweibchen mit seinen Jungen, und unweit davon lebte auf einem Hügel eine Katze mit ihren Kätzchen. Das war keine gute Nachbarschaft, weder für das Geierweibchen noch für die Katze. Das Geierweibchen getraute sich nicht, auf Nahrungssuche zu fliegen; denn wer weiß, ob die Katze nicht seine Jungen holen würde, während es in der Welt herumflog, um für die Kleinen etwas zum Fressen zu erbeuten. Und auch die Katze

wagte sich nicht auf die Jagd, aus Angst, das Geierweibchen könne ihre Kätzchen holen und sie ihren hungrigen Jungen zum Fraß vorwerfen.

Da sagte eines Tages das Geierweibchen zu der Katze: „So geht das nicht mehr weiter. Auf diese Weise werden wir beide über kurz oder lang mitsamt unseren Jungen verhungern. Es wird besser sein, wenn wir einer der anderen einen Eid leisten."

„Und was für einen Eid?" fragte die Katze.

„Wir wollen schwören, daß wir gegenseitig unsere Jungen nicht anrühren, wenn eine von uns auf der Jagd ist", schlug das Geierweibchen vor.

„Schade, daß uns das nicht eher eingefallen ist", stimmte die Katze erfreut zu. „Da hätten wir uns nicht so lange für nichts und wieder nichts herumzuquälen brauchen."

Und so schworen die beiden Nachbarinnen feierlich, ihre Jungen in Frieden zu lassen. Und sie hielten die Abmachung auch ein. Alles schien in bester Ordnung zu sein, und die Jungen wuchsen und gediehen ihnen zur Freude.

Einmal, als das Geierweibchen ausgeflogen war, fraß eines der Kätzchen ein Stück Fleisch. Ein hungriges Geierjunges sah das, glitt vom Baum auf die Erde und nahm dem Kätzchen das Fleisch weg. Das aber verteidigte seinen Bissen und sprang den Dieb mit seinen Krallen an. Das Geierjunge wollte auffliegen, aber seine Flügel waren noch zu schwach, und so kam es schließlich in den Krallen des Kätzchens um.

Als das Geierweibchen zurückkam und sah, was geschehen war, war es außer sich und beschloß, sein Junges zu rächen

„Wenn die Katze wieder auf die Jagd geht, werde ich mir ihre Jungen holen und meine Kinder damit füttern."

Am nächsten Tag ging die Katze auf die Jagd. Doch als sie zurückkam, da gab es niemanden mehr, den sie mit ihrer Beute hätte füttern können. Das Geierweibchen hatte alle Kinderchen geraubt und den hungrigen kleinen Geiern zum Fraß vorgeworfen.

Die unglückliche Katze weinte jämmerlich und flehte das Schicksal an, das meineidige Geierweibchen für ihr Verbrechen zu bestrafen.

Und die gerechte Strafe ließ nicht lange auf sich warten. Nach kurzer Zeit kam zu dem Baum mit dem Geiernest ein Jäger. Er machte sich unter dem Baum Feuer und briet ein Stück Wild.

Das Geierweibchen paßte einen günstigen Augenblick ab, und als der Jäger gerade nicht achtgab, erhaschte es ein Stück Fleisch und schaffte es in sein Nest. Doch in der Eile merkte es nicht, daß an dem Fleisch etwas Glut hängengeblieben war. Von der Glut fing das Nest Feuer, und alle Geierjungen kamen ums Leben.

In dem Augenblick kam die Katze vorbei, und als sie sah, was geschehen war, sagte sie zu dem Geierweibchen:

„Ganz recht ist dir geschehen! Das ist die Strafe dafür, daß du deinen Schwur gebrochen und meine Kätzchen getötet hast. Man sagt nicht umsonst, daß kein Unrecht ungesühnt bleibt und die Strafe auf dem Fuß folgt.“

FÜNFTER TAG

„Der Sonnengott Re wärmt wieder beide Länder mit seinen goldenen Strahlen. Du kannst erzählen, ehrwürdiger Schreiber“, spricht Königin Kleopatra, als die Morgenröte den neuen Tag ankündigt.

„Die Strömung und die Ruder treiben uns, o mächtige Königin und erhabener Prinz, zu einem Felsen, auf dem der berühmteste aller Pharaonen, Ramses der Große, vier gewaltige Statuen hauen ließ“, erklärt der Schreiber.

„O ja, ich sehe sie schon, dort sind sie!“ ruft Prinz Caesarion. „Es sieht aus, als säßen dort oben auf dem Felsen vier steinerne Riesen.“

„Und von jenem berühmten und mächtigen Herrscher unseres Landes, von seinem Sohn und seinem Enkelsohn und den unglaublichen Zauberkünsten der beiden Prinzen werde ich euch heute berichten.“

DIE WUNDERSAME HEILUNG DER PRINZESSIN BENTRESCH

Zu Zeiten, die nur die Pyramiden und die Sphinx gesehen, bestieg den Thron beider Länder der berühmteste unserer Herrscher, der mächtige Pharao Ramses der Große.

Gleich zu Beginn seiner Herrschaft zog der Pharao an der Spitze seines Heeres und seiner Streitwagen nach Asien, um dem Vordringen der feindlichen Hethiter Einhalt zu gebieten. Der junge, tapfere Herrscher führte sein Heer zu der befestigten Stadt Kadesch.

Dort griff jedoch unerwartet der Hethiterkönig mit seinen Kriegern und seinen schnellen Streitwagen das ägyptische Heer aus dem Hinterhalt an. Wer von den Ägyptern den stürmischen Angriff der Hethiter überlebte, der suchte sein Heil in der Flucht.

Pharao Ramses der Große hob verzweifelt die Augen zum Himmel auf, zum strahlenden Antlitz des allmächtigen Re. Und in diesem Augenblick sprach der Sonnengott zu ihm: „Du bist nicht allein, denn ich, dein Vater, bin mit dir, und mein Arm ist stärker als einige Tausend Arme. Ich liebe und ehre die Tapferen und helfe den Mutigen."

Und die Zauberkraft des strahlenden Gottes Re gab dem Pharao übermenschliche Kraft und überirdischen Mut.

Allein stellte er sich den Hethitern entgegen, kämpfte allein gegen tausend Streitwagen und mähte einen Gegner nach dem anderen. nieder. Die Feinde fielen in Scharen und begannen entsetzt zu fliehen.

„Das ist kein Mensch!" riefen sie von Grauen gepackt. „Solche Kraft ist keinem Menschen gegeben! Noch nie hat ein einziger Mann allein, ohne Fußvolk und ohne Wagenkämpfer, Hunderttausenden standgehalten!"

Pharao Ramses kämpfte sich frei aus der Umzinglung der Feinde und eilte zum Meer. Dort stieß er auf eine Abteilung Soldaten. Schon wollte er sein Schwert ziehen und sich auf die Soldaten stürzen wie ein Löwe auf sein Opfer, als er bemerkte, daß es gar keine Hethiter waren, sondern Ägypter. Es war die Besatzung einer seiner Grenzfestungen. Er stellte sich an ihre Spitze, sammelte unterwegs seine fliehenden Truppen und kehrte aufs Schlachtfeld zurück.

Diesmal waren die Gegner die Überraschten. Herzen und Arme der Hethiter erlahmten vor Schreck, sie waren nicht in der Lage, auch nur einen Pfeil abzuschießen, auch nur eine Lanze zu schleudern. Der ägyptische Pharao schwang sein Schwert mit fürchterlicher Kraft und trieb die Hethiterkrieger vor sich her zum Fluß, wo viele von ihnen ertranken.

Erst zu später Stunde endete die grausame Schlacht. Im Schutze der Nacht suchte der Hethiterkönig hinter den starken Mauern der Stadt Kadesch Zuflucht. Der Herrscher Ägyptens aber zog sich mit seiner geschwächten Armee von der Stadt zurück, denn er begriff, daß er selbst mit seiner eisernen Kraft die mächtigen Hethiter nicht würde besiegen können und daß es besser wäre, sich mit ihnen zu verbünden. Und so verbrüderten sich eines Tages die hethitischen Truppen mit den ägyptischen. Sie aßen und tranken zusammen, waren eines Sinnes und vergaßen, was zwischen ihnen gewesen.

Und ihre Herrscher, Pharao Ramses und der Hethiterkönig, teilten die Weltherrschaft untereinander auf und schlossen ein Kampfbündnis. So wurde der Pharao Herr über viele Länder, Gebiete und große Städte. Und weil er von ihnen nichts wußte, beschloß er, sie alle zu durchreisen.

Einmal hielt Pharao Ramses in einer großen und altertümlichen Stadt Hof. Von allen Enden und Ecken Mesopotamiens kamen Könige und Fürsten, sich vor ihm zu verneigen und ihm kostbare Geschenke, Gold, Edelsteine, Ebenholz und vieles andere mehr, zu Füßen zu legen. Alle aber übertrumpfte mit seinem Geschenk der Fürst von Bahtan, der dem Pharao seine Tochter zuführte und also sprach: „Ein langes Leben und Gesundheit mögen dir beschieden sein, o Pharao und Herrscher der Welt! Ich bringe dir meine Tochter, den größten Schatz meines Fürstentums.“

Ramses der Große schaute die Prinzessin an, und sein Herz entflammte in heißer Liebe zu ihr. Eine lieblichere Jungfrau hatte er

noch nie gesehen. Und so antwortete er auf der Stelle: „Fürst, ich nehme dein Geschenk an. Es ist das größte und kostbarste aller Geschenke, die ich je erhalten. Die Prinzessin soll fortan den Namen Nofru-Re – Schönheit Res – tragen und mir als meine königliche Gemahlin angetraut werden. Ihren Namen werde ich feierlich in ganz Ägypten verkünden lassen und in allen Ländern, die mir gehören. Schreiber, schreibt meine Worte auf, denn dies ist mein allerhöchster Wille!"

Alles geschah nach des Pharao Befehl. Und überall in dem riesigen Reich verehrte und liebte das Volk die Königin Nofru-Re.

Nichts währt ewig, alles hat ein Ende. So auch Ramses' lange Reise, und der ägyptische Herrscher hielt wieder in seinem Palast Einzug.

Die Tage und Monate flossen ruhig dahin wie das Wasser im Nildelta, und nichts unterbrach ihren trägen Lauf. So war es kein Wunder, daß sich ganz Ägypten auf die großen Feiertage zu Ehren des allmächtigen Sonnengottes Re freute. Und als sie endlich anbrachen, da bot sich allen ein prächtiges Schauspiel dar. Von Fackeln und Kerzen erleuchtete Boote kreuzten den Nil, und die Tempelpriester fuhren mit der heiligen Re-Barke, deren Goldintarsien weithin leuchteten, von einem Tempel zum anderen.

Pharao Ramses und Königin Nofru-Re saßen gerade in dem großen Re-Tempel, als der erste Berater und Schreiber des Pharao erschien, sich in den Staub warf und rief: „Ich wünsche dir Gesundheit und ein langes Leben, o Herr und Gebieter! Höre, ein Bote und Abgesandter des Fürsten von Bahtan ist gekommen mit Geschenken für deine hochedle Gemahlin Nofru-Re!"

„Er möge vortreten und die Geschenke zu unseren Füßen niederlegen", befahl der Pharao.

Der Gesandte trat ein, warf sich vor dem mächtigen Herrscher in den Staub und küßte die Erde zu dessen Füßen. Dann ließ er die Geschenke hereintragen und sprach: „O Pharao, der du ewig leben mögest und bestimmen über Wohl und Wehe der Völker, ich bringe dir eine Botschaft von deinem ergebenen Diener, dem Fürsten von

Bahtan, und diese Botschaft betrifft die jüngere Schwester deiner erhabenen Gemahlin, unserer edlen Königin Nofru-Re. Die Prinzessin ist schwer erkrankt, und niemand in unserem Land weiß sie zu heilen. Deshalb bittet dich mein Herr, ihm deinen weisesten und gelehrtesten Zauberer zu schicken, denn nirgends auf der Welt gibt es größere Meister der Zauberkunst als in Ägypten."

Pharao Ramses ließ im großen Saal des Königspalastes alle ägyptischen Weisen, Schreiber und Zauberer versammeln und befahl ihnen: „Sucht aus euren Reihen den gelehrtesten und größten Zauberer aus. Ich will ihn nach Bahtan schicken, auf daß er die Prinzessin Bentresch heilt, die jüngere Schwester meiner Gemahlin."

Die Weisen berieten sich und wählten des Pharao ersten Hofberater. Der brach auch unverzüglich mit dem Gesandten des Fürsten auf ins mesopotamische Land. Nach langer und beschwerlicher Reise durch die schier endlose glühende Wüste stand der ägyptische Zauberer schließlich am Krankenlager der Prinzessin Bentresch.

Sogleich begann er alle möglichen Zauberformeln und Beschwörungen zu murmeln und hatte bald herausgefunden, daß die Prinzessin von einem bösen Dämon besessen war. Doch den Dämon aus dem Körper der Prinzessin auszutreiben, dazu reichten seine Zauberkünste nicht.

Da sagte der weise Mann zu dem Fürsten: „Es steht nicht in Menschenmacht, einen so mächtigen Dämon auszutreiben. Aber ich gebe dir einen Rat, erhabener Fürst. Schicke noch einmal einen Boten nach Ägypten und bitte den Pharao, den mächtigen Mondgott Chonsu um Hilfe anzuflehen. Nur er kann den Dämon vertreiben."

„Du selbst sollst mein Bote sein, weiser Ratgeber, und noch heute nach Ägypten aufbrechen", entschied der Fürst. „Begleiten werden dich starke Schutztruppen und auch Träger, die die Geschenke für den allmächtigen Chonsu tragen sollen."

Der mächtige Pharao Ramses der Große hörte sich die Botschaft des Fürsten von Bahtan an und begab sich unverzüglich in den Tempel von Theben, in dem der Mondgott Chonsu wohnte.

In dem verstecktesten, geheimsten Raum des Tempels, zu dem

außer den Pharao und den Hohenpriestern niemand Zutritt hatte, stand ein großes Standbild des allmächtigen Chonsu, und in diesem siedelte der Mondgott. Gleich neben der großen Statue stand eine kleinere, die zeigten die Priester zu den großen Chonsufesten dem Volk und trugen sie an der Spitze einer langen Prozession durch die Straßen von Theben bis zum Nil.

Pharao Ramses stellte sich vor die große Statue des Gottes und bat: „Großer und allmächtiger Chonsu, ich bin mit einer Bitte zu dir gekommen. Rette die Prinzessin Bentresch, die jüngere Schwester meiner königlichen Gemahlin. Laß deine Seele, dein mächtiges Ka, in die kleine Statue treten und mit ihr nach Mesopotamien reisen, um den bösen Dämon auszutreiben, der sich im Körper der armen Prinzessin Bentresch niedergelassen hat."

Die große Statue nickte zweimal mit dem Kopf, und das bedeutete, daß der Mondgott einverstanden war. Und gleich darauf nickte auch die kleine Statue zweimal.

Der Pharao hob sie vorsichtig auf und trug sie aus dem Tempel hinaus. Dort erwarteten ihn schon die Gesandten des Fürsten von Bahtan und an ihrer Spitze der erste ägyptische Ratgeber. Der Herrscher übergab ihnen die Statue und berichtete, was sich im Tempel zugetragen. Alle freuten sich und brachen unverzüglich auf, zurück nach Mesopotamien.

Als sie nach langer Reise endlich im Fürstenpalast angelangt waren, da fiel der Fürst von Bahtan vor der Statue auf die Knie, schlug mit der Stirn auf dem Boden auf und rief: „Sei gepriesen, allmächtiger Chonsu! Sei gepriesen, o Gott, der du zu uns gekommen! Erweise uns deine Gnade und beschütze uns vor allem Bösen. Und erfülle das Versprechen, das du dem Pharao von Ägypten, Ramses dem Großen, gegeben."

Dann trugen die Gesandten die Statue des Mondgottes Chonsu in das Schlafzimmer der Prinzessin Bentresch. In dem Augenblick flog der böse Dämon aus dem Leib der Prinzessin heraus, und die Prinzessin war genesen.

Der Dämon trat vor das Steinbild des allmächtigen Mondgottes, verneigte sich ehrfürchtig vor ihr und sprach: „Großer, allmächtiger Chonsu, du bringst uns allen Ruhe und Frieden. Bahtan ist jetzt dein Land, das ganze Volk wird dich feiern und verehren. Auch ich verneige mich vor dir, denn ich bin dein Sklave. Und nun gestatte mir, dorthin zurückzukehren, woher ich gekommen. Die Prinzessin Bentresch werde ich von nun an in Ruhe lassen."

Dem Fürst und dem ganzen Hof wollten die Herzen vor Angst stillstehen, als sie den Dämon sprechen hörten.

Doch dann ertönte hell und klar die Stimme des Mondgottes Chonsu: „Meine Heimat ist in Ägypten, in der heiligen Stadt Theben, und dorthin werde ich auch augenblicklich zurückkehren."

Bei diesen Worten nahm Chonsus Ka die Gestalt eines goldenen Falken an, flog noch schneller als die Sonnenstrahlen über Berge und Wüste und kehrte in den Tempel zu Theben zurück.

Der Fürst, der erste Ratgeber des Pharao und alle Höflinge und Diener hatten angesichts dieses Wunders kaum zu atmen gewagt und waren vor Staunen wie versteinert. Der erste, der wieder der Sprache mächtig war, war der Fürst von Bahtan, und der befahl sogleich dem ersten ägyptischen Ratgeber: „Nimm die Statue des Gottes und bringe sie so schnell du kannst nach Ägypten zurück. Dem Pharao richte aus, daß der allmächtige Chonsu mit seiner göttlichen Kraft den bösen Dämon aus dem Leib der Prinzessin vertrieben hat und in Gestalt eines goldenen Falken nach Theben zurückgekehrt ist."

Dann ließ der Fürst zwei große Wagen vorfahren und sie bis zum Rand mit kostbaren Geschenken für den Mondgott beladen. Diese Wagen begleiteten den Ratgeber des Pharao nach Ägypten.

Pharao Ramses der Große empfing zusammen mit seiner königlichen Gemahlin und allen Würdenträgern und Weisen Ägyptens persönlich die Statue des Mondgottes Chonsu und brachte sie mitsamt den Geschenken in den Tempel zu Theben zurück.

Und der große Mondgott Chonsu schaute lächelnd auf den mächtigen Pharao und seine Königin Nofru-Re hinab und schenkte ihnen Gesundheit und Glück ihr Leben lang.

DER SCHATZRÄUBER

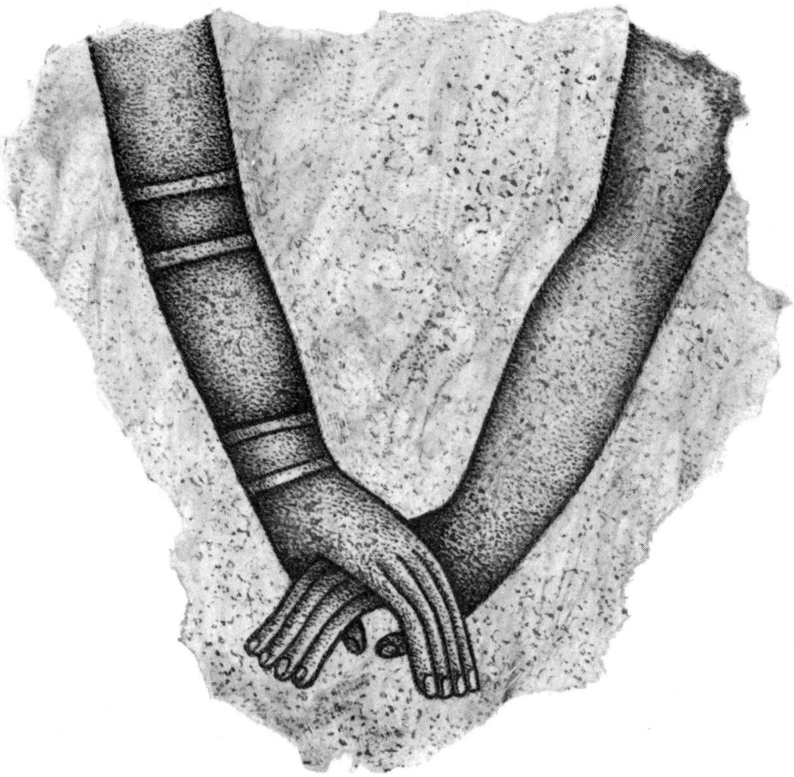

Lange Jahre herrschte in unseren Ländern der Pharao Ramses der Große. Ruhm und Ansehen erlangte er mit seinen Kriegszügen, in denen er alle Feinde Ägyptens unterwarf. Auf die Kriege folgte eine lange Zeit des Friedens, Handwerk und Handel blühten auf wie nie zuvor, und Ägypten wurde reich.

Auch die königlichen Schatzkammern quollen schier über von Gold, Silber und Edelsteinen. Und im gleichen Maß, wie der Schatz zunahm, wuchs auch die Angst des Pharao vor Dieben.

Eines Tages ließ der Herrscher seinen obersten Baumeister kommen und teilte ihm seinen Entschluß mit: „Ich will, daß du mir ein großes, festes Haus für meine Schätze baust. Es darf keine Fenster haben, und seine Mauern sollen aus festen Granitquadern sein. Den Eingang aber verschließe mit drei Türen. Die erste soll aus Granit sein und so in die Mauer eingepaßt, daß man glaubt, das Haus hätte keinen Eingang. Die zweite Tür mache aus Eisen und die dritte aus Bronze."

Der oberste Baumeister küßte die Erde zu Füßen des Herrschers und gelobte: „Mächtiger Pharao, Herrscher der Welt, alles wird so sein, wie du befohlen. Ich werde ein Haus bauen, fester als ein Granitfelsen."

Dann ließ der Pharao den obersten Verschließer kommen und befahl diesem: „Jede Tür in dem Haus soll ein anderes Schloß haben, und zu jedem Schloß lasse einen einzigen Schlüssel anfertigen. Du wirst mir mit deinem Kopf dafür bürgen, daß niemand hineingelangt. So lautet mein allerhöchster Wille."

Der oberste Baumeister baute ein Haus ganz nach des Pharao Vorstellung. Doch er war gerissen und durchtrieben und dachte bei dem Bau auch an sich. In der starken hinteren Mauer machte er einen zweiten, schmalen Eingang, den er geschickt mit Granitquadern kaschierte. Die Steine konnte ein einziger Mensch leicht herausnehmen, sobald er wußte, gegen welchen er drücken mußte.

Der Pharao besichtigte den fertigen Bau und war über die Maßen zufrieden. Er schloß alle Türen sorgfältig zu, verwahrte die Schlüssel in einem Geheimfach und belohnte den Baumeister reich.

Doch der Baumeister sollte sich nicht lange an seinem Reichtum erfreuen. Eine schlimme Krankheit warf ihn bald darauf aufs Krankenlager, und er fühlte, daß seine Tage nur noch gezählt waren. Da rief er seine beiden Söhne zu sich und verriet ihnen das Geheimnis des königlichen Schatzhauses. Er gab ihnen seinen Segen und obendrein den Rat, mit dem Schatz vernünftig und bedachtsam umzugehen. Und dann schloß er für immer die Augen.

Die Söhne aber hielten sich nicht an den klugen Rat des Vaters. Kaum hatten sie den Verstorbenen mit allen Ehren zu Grabe getragen, da waren sie schon ganz versessen auf die königlichen Schätze.

Noch in der gleichen Nacht begaben sie sich zu dem Riesenbau, bewegten den Stein und zwängten sich mit einer Öllampe durch die Öffnung hinein. Im Saal mit den Schätzen verschlug es ihnen fast den Atem, als sie die glitzernden Berge von goldenem und silbernem Schmuck und die Truhen voller Edelsteine erblickten. Als sie alles genug bestaunt und bewundert hatten, bückten sie sich und rafften Gold und Silber und Edelsteine zusammen, soviel sie nur tragen konnten.

Nun begannen für die Brüder fröhliche Zeiten. Sie kauften sich ein großes Haus mit einem Garten und einem See daran, mieteten tagtäglich Musikanten und Tänzerinnen und veranstalteten für ihre Freunde prunkvolle Gelage und Feste.

Die Mutter wußte nicht, woher ihre Söhne das viele Geld nahmen, und rügte sie ob ihrer Verschwendungssucht.

„Mache dir keine Sorgen, Mutter", antworteten die. „Wir kennen eine Quelle, die nie versiegt, selbst bei größter Dürre nicht."

Mehr verrieten sie der Mutter nicht.

Als der Pharao nach einiger Zeit in sein Schatzhaus ging, um sich am Anblick seines Reichtums zu ergötzen, wollte er seinen Augen nicht trauen. Die Berge von Gold und Silber hatten merklich abgenommen, und auch die Truhen mit den Edelsteinen waren längst nicht mehr so voll. Die Schlösser waren unversehrt, in den Mauern nirgends ein Kratzer, und doch mußte es jemanden geben, der hineingelangte und bereits allerhand hinausgetragen hatte. In übelster Laune kehrte der Herrscher in seinen Palast zurück und überlegte, wie man den Dieb fangen könne. In der Nacht, als der ganze Palast schlief, begab er sich dann heimlich ins Haus der Schätze und legte dort Fallen und Fußeisen aus.

Bald darauf statteten die diebischen Brüder der königlichen Schatzkammer wieder einen Besuch ab. Als der ältere Bruder eilig zu einer der Truhen trat, da schnappte etwas laut, ein fürchterlicher Schmerz fuhr ihm durchs Bein, und er konnte es nicht mehr bewegen.

Verzweifelt rief er: „Bruder, hilf mir, ich habe mich in einem Fußeisen gefangen!"

Doch auch der Bruder konnte ihn nicht aus der heimtückischen Falle befreien.

„Ach, ist das ein Unglück!" jammerte der ältere Bruder. „Morgen früh wird mich der Pharao hier finden, und bestimmt erkennt er mich. Dann schickt er seine Häscher zu dir und der Mutter und läßt euch foltern. Und wenn wir nicht unter dem Richtbeil enden, so werden wir unser Leben lang irgendwo im Bergwerk oder im Steinbruch schuften. Du siehst, mir ist nicht mehr zu helfen, aber euch kannst du retten. Wenn dir dein und der Mutter Leben lieb ist, tue, worum ich dich bitte: Schlage mir den Kopf ab und begrabe ihn noch in dieser Nacht. Ohne Kopf wird der Pharao mich nicht erkennen, und ihr entgeht seiner Rache."

Schweren Herzens zog der jüngere Bruder das Schwert aus der Scheide und schlug dem älteren den Kopf ab. Dann zog er ihm die Kleider aus und trug Kleider und Kopf davon. Noch in der gleichen Nacht begrub er den Kopf seines armen Bruders in der Familiengruft.

Am nächsten Morgen trat der Pharao erwartungsvoll in die Schatzkammer und staunte nicht schlecht: In dem Fußeisen fand er einen toten Mann ohne Kopf. Das bedeutete also, daß der Dieb nicht allein gewesen war. Doch nirgends fand er eine Spur, die verraten hätte, wie die Räuber hereingekommen und wo der zweite wieder hinausgelangt war.

Der Pharao hatte es sich in den Kopf gesetzt, den Dieb lebendig zu fangen, und er legte sich auch sogleich einen Plan zurecht. Er befahl, den Körper am Palasttor aufzuhängen, und zwar so, daß jeder, der vorbeikam, ihn sehen mußte. Und daneben stellte er Wachen auf, die sollten jeden festnehmen, der beim Anblick des Toten weinen und jammern würde oder gar versuchen, ihn zu stehlen.

Dem jüngeren Bruder blieb nichts anderes übrig, als sich der Mutter anzuvertrauen. Die Mutter brach in ein schreckliches Wehgeschrei aus und war nicht eher zu beruhigen, als bis der jüngere Sohn versprach, ihr den Leichnam des älteren zu bringen und ihn mit allen Ehren zu bestatten.

Der jüngere Bruder hatte Schläue und Gerissenheit von seinem Vater geerbt. Er verkleidete sich als alter Kaufmann, kaufte ein paar Esel und belud sie mit Lederschläuchen, die mit schwerem Wein gefüllt waren. Dann trieb er die Esel mit ihrer Last zum Palast, und als er sich dem Tor näherte, stach er die Esel mit einer Nadel ins Hinterteil und durchstach zugleich auch die Schläuche. Die Tiere wurden wild, schlugen aus, stießen dabei eines ans andere, und der Wein aus den Schläuchen spritzte nach allen Seiten.

„Hilfe! Hilfe!" schrie der falsche Kaufmann und rannte verzweifelt von Esel zu Esel und von Schlauch zu Schlauch.

Die Wachen hielten sich vor Lachen die Bäuche. Einen solchen Spaß hatten sie schon lange nicht mehr erlebt. Vergnügt rannten sie alle zu den Schläuchen, um mit ihren Mündern zu retten, was von dem kostbaren Naß zu retten war. Aber alle Schläuche auf einmal auszutrinken, das brachten sie doch nicht fertig. Also holten sie aus der Küche Tonkrüge und füllten sie mit Wein. Und dann setzten sie sich um die Krüge und reichten sie im Kreise herum. Sie tranken und tranken in vollen Zügen, daß ihnen fast die Augen aus den Höhlen traten, und machten sich dabei über den vermeintlichen Kaufmann lustig, der scheinbar traurig dem Werk der Vernichtung zusah, im Inneren aber über die Maßen zufrieden war, daß sein Plan so gut gelang. Als den Wachen der Wein in den Kopf gestiegen war, begannen sie den Mann zu trösten. Der setzte sich zu ihnen und trank ihnen zum Schein zu. Die Wachen leerten einen Krug nach dem anderen und ertränkten ihren Verstand und ihre Wachsamkeit im Wein. Bald kam die Müdigkeit über sie, mit der Dämmerung fielen ihnen die Augen zu, und als der erste Stern über den Himmel tanzte, da schliefen sie alle tief und fest.

Als die Nacht ihren schwarzen Mantel über die ganze Stadt gebreitet hatte, nahm der falsche Kaufmann den Leichnam des Bruders vom Tor ab, band ihn auf einen Esel und packte die leeren Schläuche darüber. Ehe er sich davonmachte, schnitt er noch allen Wachen die rechte Hälfte der Haare ab. Dann kehrte er im Schutz der Dunkelheit heim und bestattete den Bruder.

Am Morgen schaute der Pharao aus dem Fenster und wollte seinen Augen nicht trauen: Der Leichnam war verschwunden. Gleich ließ er die Wachen kommen, und als er sah, wie verschlafen die waren, wie sie schwankten und zudem halb geschoren waren, da konnte er sich denken, was geschehen war. In seinem Zorn ließ er die Wachen streng bestrafen – jeden mit zehn Stockschlägen auf die nackten Fußsohlen. Dann rief er seine Berater, Zauberer und Hofschreiber zu sich und verlangte von ihnen zu wissen, wie er den Dieb fangen sollte. Doch keiner der gelehrten und weisen Männer wußte etwas vorzubringen.

Nur die älteste Tochter des Pharao, die nicht nur wunderschön, sondern auch über die Maßen klug war, wußte schließlich Rat.

„Vater, ich weiß, wie wir den Dieb fangen können: Ich werde mich als vornehme Dame verkleiden, die aus einem fernen Land kommt und erklärt, sie wolle denjenigen zum Mann nehmen, der in seinem Leben die grausigste Tat und den schlauesten Streich vollbracht hat. Laß in der Nacht vor den Toren der Stadt ein Lager aufbauen, auf daß ich gegen Morgen dort einziehen kann."

Der Schatzräuber erriet sofort, wer die fremde Dame war, und er nahm sich vor, dem Pharao und seiner Tochter noch einmal einen Streich zu spielen. Deshalb ging er gegen Abend, als die Sonne langsam zum Horizont herabstieg und die Schatten sich verlängerten, zu dem Lager vor der Stadt und ließ sich bei der Prinzessin melden. Unter seinem Umhang hatte er die Hand eines armen Sünders versteckt, den der Pharao am Morgen hatte hinrichten lassen. Er hatte sie für ein paar Goldmünzen dem Totengräber abgekauft.

„Erhabene Prinzessin", sprach er die schöne Dame geradewegs an. „Wie gern würde ich dein Gemahl werden."

„So erzähle mir denn von der grausigsten Tat, die du in deinem Leben vollbracht, und auch von deinem schlauesten Streich", forderte die Prinzessin ihn auf. „Wenn ich noch nie zuvor etwas Grausigeres und etwas Schlaueres gehört habe, so will ich dich gern zum Mann nehmen."

Die Sonne war längst untergegangen und Finsternis hatte sich über das Lager gelegt, als der Dieb mit seiner Geschichte zu Ende war.

Da packte die Prinzessin den Mann fest an der Hand und schrie: „Wachen, schnell zu mir, ich habe den Verbrecher, den der Pharao sucht!“

Doch ehe die Wachen mit Fackeln und Laternen ins Zelt gelaufen kamen, schlüpfte der Schatzräuber unbemerkt hinaus. Die Prinzessin hielt nur die kalte Hand des toten Sünders fest.

Als der Pharao von dem neuen Streich des Diebes erfuhr, rief er: „Ein so schlauer Mann verdient keine Strafe! Ägypten wird von der ganzen Welt ob seiner Weisheit bewundert, und dieser Mensch ist der weiseste in unserem Land. Ich sollte ihn achten und nicht strafen. Geht und verkündet in der ganzen Stadt, daß ich ihm alles, was er getan, verzeihe und ihn reich belohnen will, wenn er mir von nun an treu dienen wird. Dies ist mein Wille und Befehl!“

Zu jener Zeit war das Wort des Pharao fester als Granit. Deshalb begab sich der Dieb sogleich furchtlos in den Palast, wo er dem Herrscher alles haargenau erzählen mußte. Und da auch das Wort der Prinzessin damals schwer wog, hielt auch diese ihr Versprechen. Sie bat den Vater um Erlaubnis, den Schatzräuber heiraten zu dürfen, was ihr übrigens gar nicht schwerfiel, denn der mutige und schlaue Jüngling hatte ihr vom ersten Augenblick an gefallen. Der Pharao hatte nichts einzuwenden, waren doch die Dienste, die ihm der schlaue Schwiegersohn erweisen würde, wertvoller als der ganze Schatz in dem Granithaus vor dem königlichen Palast.

Und so heiratete der jüngere Bruder die Prinzessin und wurde zum treuen Diener und Berater des mächtigen Pharao.

DER ZAUBERPAPYRUS

In der ruhmreichen Zeit des mächtigen Pharao Ramses des Großen war der größte ägyptische Weise, Zauberer und Schreiber der Sohn des Herrschers, Prinz Chaemwese.

Während die anderen Prinzen sich vergnügten, auf die Jagd gingen oder sich im Umgang mit Waffen übten, verbrachte Chaemwese all seine Zeit in der königlichen Bibliothek oder in den Mauern alter Tempel. Er studierte alle Zauberpapyri, entzifferte Zauberformeln und Beschwörungen auf den Tempelwänden und suchte ununterbrochen nach dem mächtigsten Zauber der Welt.

Dem allmächtigen Re gefiel der wißbegierige Jüngling, und er beschloß, ihn auf die Probe zu stellen. Er verwandelte sich in einen weißhaarigen, vom Alter gebeugten Greis und erschien in dieser Gestalt dem Prinzen in einem verfallenen, verlassenen Tempel.

„Wo kommst denn du her?“ fragte Prinz Chaemwese verwundert. „Noch nie bin ich hier einer Menschenseele begegnet.“

„Auch ich suche häufig diesen Ort auf, Prinz. Nur warst du immer so in Gedanken versunken, daß du mich nicht bemerkt hast. Wenn mich nicht alles täuscht, suchst du Aufschriften über mächtige Zauber, erhabener Prinz. Oder irre ich mich?“

„Wieso weißt du das? Und woher kennst du mich?“ staunte Chaemwese.

„Ich weiß alles, Prinz“, erwiderte der Greis lächelnd. „Ja, ich weiß sogar von dem größten und mächtigsten Zauber der Welt. Dieser Zauber gehört dem allmächtigen Re, der ihn eigenhändig auf die erste Seite seines Papyrus der mächtigen Zauber und Wunder geschrieben hat. Doch ich rate dir nicht, ihn in deinen Besitz bringen zu wollen, denn Re bestraft jeden, der nach seinem Zauber greift.“

„Ich muß ihn haben, koste es, was es wolle.“

„So werde ich dir denn sagen, wo du ihn findest, erhabener Prinz, wenn du unbedingt darauf bestehst. In der alten Totenstadt vor den Toren ist die Grabstätte des Prinzen Ni-noferka-Ptah. Du mußt in die Gruft hinabsteigen, wo in dem unterirdischen Gewölbe der Geist des Prinzen Ni-noferka-Ptah, der seiner Gemahlin Ahwere und der ihres Sohnes Merib vor dem Sarkophag sitzen. Zwischen ihnen liegt der Zauberpapyrus, den der allmächtige Re eigenhändig geschrieben.“

Nach diesen Worten verschwand der Greis, löste sich auf wie Dampf über dem Wasser. Prinz Chaemwese ging in den Palast zurück, verneigte sich vor seinem Vater, dem mächtigen Pharao Ramses und sprach: „Mein edler Herr und verehrter Vater, ich habe erfahren, daß Res Zauberpapyrus sich in der Gruft des Prinzen Ni-noferka-Ptah befindet. Gestatte, daß ich mit meinem Bruder Dnaros die Gruft suche und die Rolle hole.“

„Du bist weise, mein Sohn, kennst und weißt sehr viel von der Welt. Vielleicht mag es richtig sein, was du tun willst. So gehe denn mit deinem Bruder Dnaros den Zauberpapyrus holen. Ich weiß, wie sehr es dich nach ihm verlangt."

Chaemwese ging also mit seinem Bruder in die Totenstadt. Drei Tage und drei Nächte suchten sie vergebens. Erst am vierten Tag, als der strahlende Re in seiner Sonnenbarke bereits dem Tor des Totenreiches zusteuerte, fanden sie das halb zerfallene Grabmahl des Prinzen Ni-noferka-Ptah.

Sie hoben die Steinplatte, die den Eingang in das unterirdische Gewölbe verdeckt, auf, und Chaemwese stieg durch einen schmalen Gang hinab in die Gruft, die von einem bläulichen Licht erhellt war. In der Mitte stand auf einem goldenen Sockel ein Sarkophag, und davor standen drei Sessel, in denen saßen der Geist des Prinzen Ni-noferka-Ptah, der seiner Gemahlin und der ihres Söhnchens. Zwischen ihnen aber lag eine Papyrusrolle.

„Wer bist du, und was willst du hier? Warum störst du unsere heilige Ruhe?" Es war der Geist Ahweres, der also den Eindringling ansprach.

Chaemwese trat einen Schritt vor.

„Ich bin Prinz Chaemwese, der Sohn Ramses des Großen", antwortete er, und dabei schlug sein Herz wie wild. „Ich bin gekommen, die Papyrusrolle zu holen, die zwischen euch liegt."

„Kehre schnell nach oben zurück, geselle dich wieder zu jenen, die auf der Erde wandeln und die die goldene Sonne mit ihren Strahlen wärmt!" befahl der Geist Ni-noferka-Ptahs.

„Rühre den Papyrus nicht an, Prinz!" warnte der Geist Ahweres. „Zügle dein Verlangen nach Res mächtigem Zauber! Wir haben dafür teuer bezahlen müssen. Unser Glück und unser Leben hat uns der Papyrus gekostet, und selbst im Jenseits haben wir keine Ruhe gefunden, weil wir ihn bewachen müssen."

„Auch ich rate dir, laß die Rolle dort, wo sie ist. Jedes Ding hat seinen Platz", sagte der Geist Ni-noferka-Ptahs.

Und Ahweres Geist fügte hinzu: „Ich werde dir unsere traurige

Geschichte erzählen. Sicher vergeht dir das Verlangen nach dem Zauberpapyrus, wenn du sie vernommen."

Prinz Chaemwese trat näher, und Ahweres Geist begann zu erzählen: „Mein Gemahl, Prinz Ni-noferka-Ptah, war ein großer Zauberer und Gelehrter und kannte alle Aufschriften in den Grabmälern und Pyramiden der längst verstorbenen Pharaonen. Eines Tages, als er eine Bilderschrift auf einer Tempelwand entzifferte, trat ein alter Priester zu ihm, der seinem Tun mit einem Lächeln zusah.

‚Wertlos ist alles, was du hier liest', sprach ihn jener seltsame Priester an. ‚Ich könnte dir sagen, wo der Zauberpapyrus ist, auf den der allmächtige Re den größten Zauber der Welt geschrieben hat. Aus ihm würdest du Dinge erfahren, die nicht für Sterbliche bestimmt sind.'

Die Worte des Priesters übten auf meinen Gemahl eine solche Wirkung aus, daß er wie besessen war von dem Wunsch, das Geheimnis des Zauberpapyrus zu besitzen.

‚Beim Leben meines Vaters, des Pharao, ich muß wissen, wo Res Papyrusrolle ist. Ich gebe dir alles, was du verlangst, wenn du es mir verrätst.'

‚Gut, ich werde dir sagen, wo du sie findest. Doch zuvor mußt du mir hundert Silberbarren geben und versprechen, mir nach meinem Tode ein königliches Begräbnis auszustatten.'

Als der Priester alles, was er verlangt, erhalten hatte, verriet er dem Prinzen das Geheimnis: ‚Res Papyrusrolle liegt auf dem Grund des Meeres von Koptos in einer eisernen Kassette. In der eisernen Kassette ist eine bronzene, in der bronzenen eine aus dem Holz der Sykomore, darin eine aus Ebenholz und Elfenbein. In dieser findest du eine aus Silber, und in der silbernen eine aus Gold. In der goldenen Kassette aber liegt Res Papyrus. Ringsum wimmelt der ganze Meeresgrund von Schlangen und Skorpionen, und eine unsterbliche Schlange hat ihren starken Leib um die Kassette geschlungen und läßt keinen Sterblichen an sie heran.'

Das Verlangen nach dem Zauberpapyrus hatte meinen Gemahl

derart gepackt, daß er auf der Stelle aus dem Tempel nach Hause eilte, sich mit mir zu beraten.

‚Fahr nicht aufs Meer, vergiß, was du gehört!' flehte ich ihn an. ‚Ich fühle, daß dies Unternehmen uns nichts Gutes bringen wird, und ich will dich nicht verlieren.'

Doch mein Gemahl ließ sich von meinen Bitten und Tränen nicht umstimmen. Er erbat sich vom Pharao, seinem königlichen Vater, eines der königlichen Schiffe, nahm mich und unseren Sohn mit an Bord, und wir fuhren gen Süden.

Als wir nach Koptos kamen, ließ der Prinz sich reines Wachs bringen und knetete daraus ein Schiff mit Rudern und Ruderern. Er trug das Wachsschiff zum Meer, setzte es aufs Wasser und sprach einen Zauberspruch. Da wurde es zu einem richtigen großen Schiff. Dann hauchte er den Ruderern Leben ein und befahl ihnen, Sand zu laden und dann zu der Stelle zu rudern, wo auf dem Meeresgrund Res Zauberpapyrus lag. Drei Tage und drei Nächte ruderten die Männer mit aller Kraft, ehe sie an Ort und Stelle waren. Der Prinz ließ den Sand ins Meer schütten, sprach wieder eine starke Zauberformel, und das Wasser trat auseinander. Auf dem Meeresgrund wimmelte es von Schlangen und Skorpionen, und in ihrer Mitte lag, umschlungen von der unsterblichen Schlange, eine eiserne Kassette.

Die Schlangen und Skorpione verwandelte mein Gemahl in kleine, unschädliche Würmer. Doch gegen die unsterbliche Schlange waren all seine Zauberkünste machtlos. Da nahm er ein scharfes Schwert und stieg auf den Grund hinab. Die Schlange reckte ihren Kopf in die Höhe zum Angriff, da hieb er ihn mit einem einzigen Schlag ab. Doch im gleichen Augenblick fügten sich Kopf und Leib wieder zusammen, und das Riesenuntier griff von neuem an. Wieder schlug er ihr den Kopf ab, aber mit dem gleichen Erfolg wie zuvor. Der Prinz sah, daß hier nur eine List helfen konnte. Er hieb der Schlange ein drittes Mal den Kopf ab, und noch ehe dieser wieder auf den Leib springen konnte, warf er Sand auf beide Teile. Diesmal konnten Kopf und Leib nicht wieder zusammenwachsen, und die unsterbliche Schlange war machtlos. Als der Prinz die eiserne

Kassette aufhob, durchbohrte ihn die Schlange mit giftigen Blicken und ihr riesiger Leib bäumte sich auf wie in tödlichen Krämpfen, aber tun konnte sie ihm nichts.

Prinz Ni-noferka-Ptah öffnete eine Kassette nach der anderen. In der goldenen lag Res Zauberrolle. Dann las Ni-noferka-Ptah schnell die erste Seite des kostbarsten aller Papyri und beschwor mit mächtigen Zaubern Himmel und Erde, Wasser und die Unterwelt. Mit einem Schlag verstand er, was die Vögel sangen, was die Tiere, Lurche und Fische sprachen. Von allen Seiten zischten die Schlangen und Skorpione, die er in Würmer verwandelt hatte: ‚Tod dir! Tod dir!' Und der Kopf der unsterblichen Schlange donnerte: ‚Re wird dich vernichten! Re wird dich töten, töten, töten!'

Ni-noferka-Ptah überflog schnell die zweite Seite des Papyrus, blickte zum Himmel auf und erblaßte vor Grauen. Kraft des Textes konnte er in den Sternen lesen und hatte soeben aus ihnen erfahren, daß er schon bald sterben würde.

Dann kehrte er aufs Schiff zurück, sprach einen Zauberspruch, und das Wasser schloß sich wieder. Nun befahl er den Ruderern, schnellstens zurückzukehren. Erst am vierten Tag legten sie an jener Stelle an, wo ich schon sehnsüchtig nach meinem Gemahl Ausschau hielt.

Ich begrüßte ihn mit großer Freude. Nach einer Weile aber konnte ich meine Neugier nicht mehr zügeln und bat ihn, mir doch Res Zauberpapyrus zu zeigen. Atemlos las ich das kostbare Papyrusblatt durch und gelangte so ebenfalls in den Besitz des mächtigsten Zaubers der Welt.

Um die Worte des Re-Zaubers nicht zu vergessen, nahm der Prinz ein reines Papyrusblatt, schrieb den Zauber darauf ab und tauchte es dann in einen Becher mit Bier. Die Schrift löste sich in dem Getränk auf, und der Prinz trank das Bier mit der aufgelösten Schrift. Da setzte sich Res Zauber für immer in ihm fest, so daß er ihn nicht mehr vergessen konnte. Daraufhin verwandelte er Ruderer und Schiff wieder zu Wachs und ließ sie zerschmelzen.

In Koptos hielten wir uns nicht lange auf. Gleich am nächsten

Tag begaben wir uns an Bord der königlichen Barke und fuhren nordwärts, der Hauptstadt zu. Doch Res Zorn verfolgte uns. Schon sahen wir in der Ferne den Hafen liegen und freuten uns, die lange Reise endlich hinter uns gebracht zu haben, da packte eine gewaltige, geheimnisvolle Kraft mich und unser Söhnchen, hob uns hoch über das Wasser und schleuderte uns in die Tiefe. Mein Gemahl beschwor mit einer der mächtigen Zauberformeln aus Res Papyrus das Wasser, und unsere Körper kehrten aus dem Meer auf das Schiff zurück. Doch mit keinem Zauber konnte er uns ins Leben zurückholen. Das einzige, was er erreichte, war, daß ich noch einmal für einen kurzen Augenblick zu ihm sprechen konnte. Ich sagte: ‚Der allmächtige Re straft dich dafür, daß du ihm seinen Zauber gestohlen hast. Zwei Tage lang wirst du den schlimmsten Schmerz erleiden, den ein liebender Mensch nur leiden kann. Den Schmerz um deine Liebsten. Am dritten Tag wird dich eine giftige Schlange beißen, die Re dir sendet, und du wirst sterben, mein unglücklicher Herr und Gemahl. Res Papyrusrolle soll mit uns in unserer Gruft begraben werden. Alle drei werden wir sie bewachen, auf daß niemand sich ihrer bemächtigen kann. So werden wir unsere Schuld sühnen.‘

Schmerzvoll war die Rückkehr des Prinzen zu seinem Vater. Traurig berichtete er dem Pharao von seiner Fahrt und ihrem schrecklichen Ausgang. Der Pharao kämpfte seinen Kummer nieder und riet dem Sohn, sich in den Tempel zu begeben und dort Res gerechte Strafe zu erwarten. Wie ich vorausgesagt, tötete meinen Gemahl am dritten Tag eine giftige Schlange, ein Bote des allmächtigen Sonnengottes Re. Und seit jener Zeit bewachen wir hier die Papyrusrolle. Möge unsere traurige Geschichte eine Warnung sein für alle, die es nach Res mächtigem Zauber gelüstet."

Chaemwese hörte sich alles an, was Ahweres Geist ihm zu sagen hatte, doch das Verlangen nach dem Zauber war so mächtig, daß kein noch so grausames Schicksal, ja nicht einmal der Tod ihn schrecken konnte. Er streckte die Hand nach dem Papyrus aus.

„Chaemwese, laß die Rolle noch liegen!" rief da der Geist des Prinzen Ni-noferka-Ptah gebieterisch. „Wir wollen zusammen

Dame spielen. Wenn du gewinnst, bekommst du den Papyrus. Doch wenn du verlierst, soll dein Schicksal in unserer Hand liegen."

Chaemwese sagte schnell seinem Bruder Dnaros Bescheid und bat ihn, geschwind in den Palast zu laufen und ihm seine Zauberbücher und Amulette zu bringen.

Als er in die Gruft zurückkehrte, stand dort auf einem Tisch ein goldenes Brettspiel.

Chaemwese eröffnete ohne Zögern das Spiel. Sein ungewöhnlicher Partner murmelte einen Zauberspruch und erwiderte den Zug. Und dann ging er sogleich zum Angriff über. Prinz Chaemwese verteidigte sich, so gut er konnte, doch den Angriffen des Geistes war er nicht lange gewachsen. Er verlor.

Ni-noferka-Ptah hob das Spielbrett auf, ließ es auf Chaemweses Kopf niedersausen und stieß ihn bis an die Knöchel in die Erde.

„Erkennst du deine Niederlage an?" fragte er.

„Nein", erwiderte Prinz Chaemwese unerschrocken. „Wir spielen noch einmal."

Auch das zweite Mal verlor Chaemwese, und Ni-noferka-Ptah stieß ihn bis zum Gürtel in die Erde.

„Laß uns noch einmal spielen!" verlangte der Prinz.

Doch auch das dritte Spiel gewann sein Partner aus der Unterwelt, und diesmal stieß er den Prinzen Chaemwese bis an den Hals in die Erde. Zum Glück kam gerade in diesem Augenblick Chaemweses Bruder Dnaros in die Gruft gelaufen und warf dem Prinzen schnell die Zauberamulette auf den Kopf. Da war Chaemwese wieder frei, riß die Papyrusrolle an sich und lief damit hinaus. Dnaros folgte ihm auf dem Fuß.

Als sie aus der Gruft traten, da ging vor ihnen das Licht her und hinter ihnen die Finsternis.

Durch die Stille hörten sie noch das leise Jammern Ahweres und die ruhige Stimme Ni-noferka-Ptahs, der seine Gemahlin tröstete: „Weine nicht, meine Teure, Chaemwese wird die Papyrusrolle zurückbringen. Und wie gern er sie noch zurückbringen wird!"

Als Pharao Ramses der Große von den Söhnen vernommen,

was sich in der Gruft zugetragen, da verfinsterte sich seine Stirn, und er sprach rügend zu Chaemwese: „Dein Verlangen nach Res Zauber hat dich verblendet, o Unglückseliger! Geh in die Gruft, mein Sohn, und gib den Papyrus seinen Wächtern zurück, ehe es zu spät ist!"

Aber Chaemwese befolgte seinen Rat und Befehl nicht. Er begab sich vom Pharao direkt in seine Bibliothek, die uralte Schrift zu entziffern, in der der Zauberpapyrus geschrieben war.

Sieben Tage und sieben Nächte dauerte es, bis er die erste Seite zu Ende gelesen und Himmel, Erde, Wasser und die Unterwelt beschwören konnte. Da verstand er die Sprache der Vögel in der Luft und der Fische in den Flüssen und in den Tiefen des Meeres.

Zweimal sieben Tage und zweimal sieben Nächte dauerte es, ehe er auch die zweite Seite entziffert und am Himmel den strahlenden Re in seiner goldenen Barke und Mond und Sterne in ihrer wahren Gestalt sehen konnte.

‚Ich bin der größte Zauberer auf der Welt!' freute er sich, dann trat er stolz vor den Palast.

Dort spazierte gerade in Begleitung junger Mädchen und Kammerzofen eine edle junge Frau vorbei, so wunderschön, wie Chaemwese nie Ähnliches geschaut. Ihre Anmut bezauberte ihn, fesselte sein Herz mit so starken Banden, daß er glaubte, ohne sie nicht mehr leben zu können.

Er schickte dem Zug einen Diener nach, der sollte erkunden, wer die Schöne sei und wo sie wohne.

„Mein Herr", sagte der Diener, als er zurückkam, „die Jungfrau heißt Tabubu, sie ist die Tochter des Hohenpriesters des Re-Tempels und wohnt ganz in der Nähe in einem herrlichen Palast. Wenn du es wünschst, können wir sie dort besuchen."

Der Prinz verlor vollends den Kopf. Er vergaß seine hübsche junge Frau, vergaß die ganze Welt, ja selbst Res mächtigen Zauberpapyrus, und eilte ins Haus der Tochter des Hohenpriesters.

Die Pracht des Palastes nahm dem Prinzen den Atem. Die Fußböden, die Wände und die Decken der Säle waren mit Malachit,

Jaspis und echtem Türkis ausgelegt. Auf Ebenholztischen standen goldene Krüge, Becher und Schüsseln, die mit ihren anmutigen Formen und ihren reizvollen Malereien dem Auge schmeichelten.

In dem letzten Saal standen mit feinstem Leinen bezogene Diwane, und auf Regalen leuchteten goldene Becher. In der Mitte des Saales saß in einem goldenen Sessel Tabubu in einem mit bunten Blumen bestickten Gewand.

Bei seinem Eintritt erhob sich die Jungfrau, schüttete die glühende Weihrauchpfanne auf und reichte dem Prinzen einen goldenen Becher mit Wein.

Der aber sprach: „Ich kann nicht trinken."

Darauf bot sie ihm köstliche Speisen und süße Früchte dar.

Doch der Prinz wies auch diese zurück und erklärte: „Ich kann auch nicht essen. Deine Schönheit hat Hunger und Durst verdrängt und rückt alles Irdische und Leibliche in weite Ferne. Werde meine Frau, Tabubu!"

Und seine Augen strahlten dabei ein solches Feuer, als wolle er die schöne Frau mit seiner Glut versengen.

„Alles soll sein, wie du es wünschst, Prinz", versprach Tabubu. „Doch mußt du erst einen Vertrag aufsetzen lassen, daß du dich von deiner ersten Frau scheiden läßt und all dein Besitz von diesem Augenblick an mir gehört."

„Ich mache alles, was du willst", erklärte Chaemwese und schickte nach einem Schreiber, sogleich den Vertrag aufzusetzen.

Im gleichen Augenblick, als der Prinz diesen mit seiner Unterschrift bestätigte, trat ein Diener ein und meldete, daß des Prinzen Gemahlin draußen stehe und ihren Gemahl zu sprechen wünsche.

„Es ist gut, daß sie da ist", sagte Tabubu. „Befiehl, sie zu töten, und ich werde deine Frau."

Wie in einem schweren Traum hörte Chaemwese sich sagen: „Tötet meine Frau!"

Ein grauenvoller Schrei durchschnitt die Stille, der ganze Saal drehte sich um ihn, und der Prinz verlor die Besinnung.

Als er wieder zu sich kam, da lag er in schmutzigen und zerrissenen

Kleidern auf einem Müllhaufen neben der Straße, die zum Königspalast führte, und das prunkvolle Haus der schönen Tabubu war verschwunden. Bei dem Gedanken, daß er seine junge Gemahlin hatte töten lassen, ergriff Chaemwese das Grauen.

Indem bemerkte er, wie sich ein Zug näherte mit einer goldenen Sänfte, in der sein Vater, der erhabene Pharao Ramses der Große saß. Direkt vor ihm hielt der Zug an, und der große Pharao fragte verwundert: „Was tust du hier, mein Sohn, in zerrissenen Kleidern und an solch einem schmutzigen Ort?"

Chaemwese schämte sich zutiefst und brachte kein Wort heraus.

„Ist dies eines Sohnes des mächtigsten Herrschers würdig?"

Da blieb dem Prinzen nichts anderes übrig als zu gestehen: „Ich war so versessen, Res Zauber in meinen Besitz bringen zu wollen. Ich wollte mich nicht mit meiner eigenen Zauberkunst bescheiden. Nun hat sich der Geist des Prinzen Ni-noferka-Ptah gerächt und mich dazu getrieben, daß ich meine geliebte Frau töten ließ."

„Kehre in den Palast zurück, mein Sohn", gebot der Pharao. „Deine Frau ist gesund und sehnt sich schon nach dir."

„Mein edler Vater, du mögest so lange leben wie der allmächtige Re!" rief der Prinz, dem ein Stein vom Herzen gefallen war. „Deine Worte geben mir das Leben zurück. Doch wie soll ich mich in diesen Kleidern in den Palast wagen?"

Der Pharao befahl den Dienern, dem Prinzen königliche Gewänder anzulegen, und als dies geschehen war, begab sich Chaemwese in den Königspalast.

Seine Frau empfing ihn gesund und munter, wie der Pharao es versprochen, und er schloß sie glücklich in seine Arme. Doch lange konnten sie ihr Wiedersehen nicht feiern, denn er wurde sogleich vor den Herrscher beider Ägypten gerufen.

„Mein Sohn, du bist mächtigen Zaubern verfallen, die stärker sind als all deine Zauberkünste", sprach Ramses zu ihm. „Du mußt Ni-noferka-Ptah Res Papyrusrolle zurückbringen, wenn deren Macht dich nicht vernichten soll!"

Diesmal befolgte Chaemwese den Rat und Befehl des Vaters. Er nahm die Papyrusrolle und ging in die Totenstadt. Dort stieg er in die Gruft des Prinzen Ni-noferka-Ptah hinab. Vor ihm schritt das Licht einher und hinter ihm die Finsternis. In der Gruft saßen in goldenen Sesseln der Geist des Ni-noferka-Ptah, der seiner Gemahlin Ahwere und der ihres Söhnchens Merib.

Prinz Chaemwese fiel vor ihnen auf die Knie und bat sie um Vergebung und Gnade.

„Steh auf, Chaemwese, und lege Res Zauberpapyrus dorthin, woher du ihn genommen", gebot der Geist Ni-noferka-Ptahs. „Wisse, daß jedes Ding seinen bestimmten Ort hat. Du hast den Papyrus zurückgebracht, und ich gebe dir die Ruhe wieder. Und nun gehe nach Hause zu deiner Frau und werde mit ihr glücklich!"

„Zum Dank für deine Großmut werde ich dein Grab erneuern lassen, o mächtiger Ni-noferka-Ptah, und dir jedes Jahr einen Stier, eine Gans und auch Wein opfern", versprach Chaemwese, dann kehrte er frohen Sinnes in den Palast zu seiner Frau zurück.

Er umarmte sie, küßte sie innig und versprach ihr, nie mehr nach Zaubersprüchen und -formeln zu suchen und nicht mehr die meiste Zeit in der königlichen Bibliothek zu verbringen, sondern bei ihr, in ihrem Palast, wo sie sich gemeinsam auf jene glückliche Stunde freuen wollten, da ihnen ein Kind geboren würde.

DER WEG INS REICH DER TOTEN

Die Gemahlin des Prinzen Chaemwese hieß Meh-usechet und liebte ihren Mann über alles. Die beiden lebten glücklich und zufrieden am Königshof, geachtet von dem mächtigen Pharao Ramses dem Großen und dem ganzen Hof. Es verging kein Tag, an dem der Pharao den weisen und gelehrten Prinzen Chaemwese nicht zu sich gerufen und ihn in irgendeiner Sache um Rat gebeten hätte.

Die Jahre flossen dahin, und das Söhnchen, auf das beide so sehnsüchtig warteten, wollte sich nicht einstellen. Und so verflüchtigte sich mit der Zeit das Glück aus dem Leben des Ehepaars, und nur Trauer und Sehnsucht blieben zurück.

Chaemwese verbrachte wieder jede freie Stunde in alten Tempeln und Bibliotheken und studierte uralte Aufschriften und Papyrusrollen. Nichts hielt ihn mehr zu Hause. Vielleicht wollte er auch nur über den alten Texten seinen Kummer vergessen, wer weiß.

Die arme Meh-usechet war den ganzen Tag allein zu Hause. Einmal, als sie glaubte, die Einsamkeit nicht mehr ertragen zu können, ging sie vor dem Palast spazieren. Da sah sie einen Greis erschöpft und halb verdurstet auf der Erde liegen. Sie half ihm aufzustehen, führte ihn in den Palast, gab ihm zu essen und zu trinken, badete ihn und machte ihm dann ein Ruhelager zurecht, damit er sich wieder erholen konnte.

Der Alte schaute sie lange an, blickte ihr forschend in die Augen und fragte schließlich: „Edle Herrin, warum bist du so traurig? Sage mir, was dich bedrückt. Vielleicht kann ich dir helfen."

„Du hast einen scharfen Blick, Alter. Ich bin wirklich traurig. Es bekümmert mich, daß ich bis heute meinem Gemahl keinen Sohn geschenkt habe."

„Du hast dich meiner erbarmt, deshalb will auch ich mich dir erkenntlich erweisen", erwiderte darauf der geheimnisvolle Greis. „Wenn du dich nach einem Kind sehnst, so gehe in den Tempel des allmächtigen Re, opfere ihm, bete zu ihm und bringe vor seinem Steinbild deinen Herzenswunsch vor. Und dann lege dich am gleichen Ort schlafen."

Daraufhin erhob sich der Greis von dem Lager, bedankte sich bei der staunenden Meh-usechet für alles, was sie für ihn getan, und ging davon. Wohin, das weiß kein Mensch.

Am nächsten Tag begab sich also Meh-usechet mit zwei Körben voll mit Gänsebraten, Weißbrot, Kuchen, Obst, Wein und Milch zum Tempel des allmächtigen Re und stellte die Opfergaben vor der Re-Statue auf. Dann küßte sie die Erde zu deren Füßen und rief:

„Allmächtiger Re, ich flehe dich an, schenke mir einen Sohn, denn sonst stirbt unser Name aus, nichts bleibt von uns zurück, wenn wir dereinst ins Reich der Toten eingehen."

Dann legte sie sich vor der Statue auf die Erde, schloß die Augen und schlief ein. In jener Nacht hatte sie einen seltsamen Traum. Sie träumte, der Greis sei zu ihr gekommen und spräche: „Wenn du dir einen Sohn wünschst, so gehe morgen früh in deinen Garten, wo du eine blühende Melonenstaude finden wirst. Pflücke Blätter und Blüten, bereite sie zu Hause zu und nimm die Speise am Abend zu dir. Du wirst sehen, daß du bald einen Sohn haben wirst."

Chaemweses Gemahlin befolgte den Rat, den ihr der Greis im Traum gegeben, und nach einiger Zeit gebar sie tatsächlich einen gesunden, kräftigen Knaben.

In jener Nacht, in der der Knabe das Licht der Welt erblickte, hatte auch Chaemwese einen seltsamen Traum. Ein grauhaariger Greis trat an sein Ruhelager und sprach: „Heute Nacht wird deine Gemahlin dir einen Sohn schenken. Gib ihm den Namen Si-Osiris und wisse, daß er viele Wunder vollbringen und Ägypten vor Untergang und Gefahr retten wird."

Als Chaemwese aus dem Traum auffuhr, da hörte er im Zimmer seiner Frau Kinderweinen, und diese so lang ersehnten Laute erfüllten sein Herz mit riesiger Freude. Er wußte, daß der Greis im Traum die Wahrheit gesprochen und Meh-usechet ihm einen Sohn geboren hatte. Die glücklichen Eltern erfüllten den Wunsch des geheimnisvollen Alten und gaben dem Knaben den Namen Si-Osiris.

Der Knabe wuchs heran, und ehe sich's die Eltern versahen, kam er in die Schule. Bald wußte er mehr als der Schreiber, der ihn unterrichtete, und es dauerte nicht lange, da konnte er alle bekannten Zauberformeln und -sprüche hersagen und beherrschte die Schreib- und Zauberkunst besser als alle Hofschreiber und Zauberer zusammen.

Chaemwese unterhielt sich gern mit seinem Sohn. Einmal standen die beiden auf der Terrasse ihres Hauses und beobachteten, wie sich zwei Trauerzüge auf die Westliche Totenstadt zu bewegten.

Der erste Zug kam aus dem Haus eines Reichen. Die Mumie, der einbalsamierte Leib des Verstorbenen, lag in einem mit Gold geschmückten Sarg aus Edelholz. Eine Vielzahl Diener, Verwandte und Trauergäste gaben dem Toten das letzte Geleit. Und alle trugen kostbare Gaben, die sie ihm ins Grab mitgeben wollten. An der Spitze des Trauerzuges schritten Priester, sangen Trauerlieder und murmelten geheimnisvolle Sprüche und Gebete.

Der zweite Trauerzug kam vom anderen Ende der Straße.

„Sieh nur, Vater, das ist das Begräbnis eines Armen", machte Si-Osiris den Vater aufmerksam. „Seine beiden Söhne tragen den einfachen Holzsarg, und hinter ihm gehen nur seine Witwe und seine Schwiegertöchter."

„Ach, möge es mir nach meinem Tode so ergehen wie dem Reichen dort! Den Armen erwartet im Reich der Toten bestimmt nichts Gutes", meinte Chaemwese.

„Ich dagegen wünsche dir das jenseitige Schicksal des Armen", erklärte Si-Osiris.

Chaemwese verletzten die Worte des Sohnes. „So etwas solltest du nicht sagen, mein Sohn!" rügte er ihn.

„Ich werde dir beweisen, daß nur meine Sohnesliebe mich diesen Wunsch aussprechen ließ", fiel ihm Si-Osiris ins Wort. „Doch du mußt mir vertrauen. Ich kenne viele zaubermächtige Worte, die alle Tore öffnen. Du sollst sehen, was mit dem Armen geschieht, der sein Leben lang ein guter Mensch war, und wie es dem Reichen ergeht, der den Menschen nur Böses getan."

Daraufhin führte Si-Osiris seinen Vater in den Osiris-Tempel von Theben, in den Tempel des mächtigen Gottes des Totenreiches. Dort malte der Knabe einen Bannkreis um sich und seinen Vater, um die Osiris-Statue und den Altar mit dem ewigen Feuer. Dann streute er ein Zauberpulver in die Flammen und sprach einen Zauberspruch. Die Flammen schlugen hoch empor, und ein Donnerschlag erschütterte den Tempel.

Chaemwese schloß vor Schreck die Augen. Dabei fühlte er, wie er ganz leicht wurde, sich vom Boden löste und in der Luft schwebte.

Schnell machte er die Augen wieder auf, blickte in die Tiefe und schrie vor Verwunderung laut auf, doch hörte man nicht mehr als ein leichtes Seufzen. Unten, neben dem Altar, lagen zwei leblose Gestalten. In der kleineren erkannte er seinen Sohn, und die größere, das war er selbst. Und über jedem Körper schwebte ein bläuliches Flämmchen.

Da sprach die eine Flamme mit Si-Osiris' Stimme: „Das bin ich, Si-Osiris, dein Sohn. Ich habe unsere Seelen von ihrer sterblichen Hülle getrennt. Fürchte dich nicht, es wird uns nichts geschehen!"

„Willst du etwa sagen, mein Sohn, daß wir beide jetzt die Gestalt von bläulichen Flämmchen haben und gar nicht mehr lebendige Menschen sind, sondern nur unsere Seelen?"

„Genauso ist es, erhabener Vater. Unsere Seelen haben ihre sterbliche Hülle verlassen und schweben jetzt als blaue Flammen über dem Osiris-Altar", antwortete Si-Osiris und flüsterte gleich darauf: „Fliege mir nach, Vater!"

Die Flammen verwandelten sich mit einem Schlag in zwei große Vögel mit goldenen Flügeln und Menschenköpfen, die die Züge Chaemwese und seines Sohnes trugen.

„Die Zeit ist kurz, und wir müssen zurück sein, ehe der allmächtige Sonnengott wieder seine Fahrt über den Tageshimmel antritt", flüsterte Si-Osiris noch dem Vater zu.

„Ich folge dir, mein Sohn!" antwortete Chaemwese und flog mit seinen goldenen Flügeln dem Sohne nach.

Das Dach des Tempels trat auseinander, und die beiden goldenen Vögel flogen wie der Wind hinaus gen Westen.

Schon breitete die Nacht ihren schwarzen Mantel über Ägypten. Mit den letzten Sonnenstrahlen flogen die goldenen Vögel in den Bergen der Westlichen Wüste in den ersten Saal der Westlichen Totenstadt. Unter ihnen zog gerade eine Schar von Göttern die goldene Barke herein, und auf ihr befanden sich außer dem allmächtigen Sonnengott auch die Seelen aller Menschen, die an diesem Tag gestorben waren.

Durch sieben Säle mit hohen Mauern, von deren Zinnen die Spitzen unzähliger Lanzen aufragten, mußte Res goldene Sonnenbarke fahren, ehe sie mit Beginn des neuen Tages wieder über den Himmel schwamm. Den Eingang zu jedem Saal bewachten feuer- und giftspeiende Schlangen.

Im dritten Raum, dem Gerichtssaal des allmächtigen Gottes der Unterwelt Osiris, blieb die Barke für eine Weile stehen. Auch die beiden goldenen Vögel, Chaemwese und Si-Osiris, hielten hier in ihrem Flug inne und schauten gespannt zu, was sich da unten tat.

Die Seelen der Toten stiegen aus der Barke, und der allmächtige Thoth, der Gott der Weisheit mit dem Körper eines Menschen und dem Kopf eines Ibis, führte sie vor das strenge Gericht der zweiundvierzig Götter und Göttinnen. Auf einem goldenen Thron mit prunkvollem Baldachin saß der oberste Richter, der allmächtige Osiris, mit einer hohen, strahlenden Krone auf dem Haupt und Zepter und Geißel in der Hand.

„Siehst du die Waage dort in der Mitte des Saales, Vater?“ flüsterte Si-Osiris. „Der Gott mit dem Schakalkopf, das ist Anubis, der mit scharfem Blick die Waagschalen bewacht. Auf der einen von ihnen liegt gerade das Herz des Reichen und auf der anderen ein leichtes Federchen, das Gewicht der Wahrheit.“

Si-Osiris verstummte und ließ den Blick nicht von der Waage.

„Siehst du, Vater“, fuhr er fort, „das Herz des Reichen ist schwer und drückt die Waagschale, auf der es liegt, hinab. Der Gott der Weisheit Thoth schreibt das Ergebnis auf. Und hinter Thoth steht ein schreckliches Ungeheuer, vorn Löwe, hinten Nilpferd und mit dem Kopf eines Krokodils. Das lauert auf die bösen Menschen, um sie zu zerreißen und zu verschlingen.“

Chaemwese hätte beinahe aufgeschrien, denn in diesem Augenblick stürzte sich das Ungeheuer mit einem einzigen Satz auf das Herz des Reichen, schlug seine Krallen hinein und hatte es im Nu zerrisen.

„Jetzt legt Gott Thoth das Herz des Armen auf die Waage, Vater“, sagte Si-Osiris leise. „Siehst du, die Waagschale sinkt nicht, sondern steigt, und die Waagschale mit dem Gewicht der Wahrheit neigt sich nach unten.“

Indem rief Thoth dem Gott Osiris zu: „Dieser Mensch hat kein einziges Mal gesündigt. Er hat stets die Wahrheit gesprochen, nie gestohlen und niemandem Leid zugefügt. Er hat einen Platz in deinem Reich verdient.“

Der Herr der Unterwelt nickte mit dem Kopf und erlaubte der Seele, in den Saal des Friedens einzutreten.

„Komm, Vater, laß uns auch hineinschlüpfen“, flüsterte der Sohn. „Sieh nur, gleich am Eingang steht eine Festtafel mit den herrlichsten Braten, Kuchen, Broten, Krügen voller Wein, Bier und Milch. Der Geist des Verstorbenen wird jetzt hier Platz nehmen. In diesem Saal erwartet ihn alles in Überfluß, was die Erde den Menschen Angenehmes zu geben imstande ist. Und Freude und Herrlichkeit in Ewigkeit.“

Si-Osiris verstummte, um nach einer Weile fortzufahren: „Nun weißt du, Vater, warum ich dir das Schicksal des Armen wünschte und nicht das des Reichen.“

Daraufhin breiteten die goldenen Vögel ihre Flügel aus und flogen durch die Nacht zurück nach Theben, in den Tempel des mächtigen Gottes Osiris, wo die Seelen wieder in ihre Körper schlüpften.

Der goldene Sonnenball, der allmächtige Gott Re, ging gerade über der Östlichen Wüste auf und färbte mit seinen Strahlen die Felsen hinter Theben rosa, als Prinz Chaemwese und sein weiser Sohn aus dem Tempel traten. Sie kehrten glücklich nach Hause zurück, und Chaemwese dachte noch lange darüber nach, was er in dieser Nacht gesehen.

DER VERSIEGELTE BRIEF

Zur Zeit, da die Herrschaft des mächtigsten und ruhmreichsten Pharao, Ramses des Großen, sich ihrem Ende zuneigte, saß der Herrscher einmal auf seinem Thron im Säulensaal, umgeben von seinen Prinzen, hohen Beratern und Beamten. Da stürzte der Großwesir herein, warf sich vor seinem Herrn in den Staub und sagte, seine erregte Stimme dämpfend: „O Herr und Gebieter, du mögest leben in Gesundheit und Frische bis in alle Ewigkeit! An deinem Hof ist soeben ein nichtswürdiger Nubier eingetroffen, ein riesiger, kräftiger Kerl, und verlangt dich zu sprechen. Er sagt, er will dir beweisen, daß die Zauber und Wunder Nubiens weitaus mächtiger sind als die Zauber Ägyptens.“

„Er möge eintreten“, befahl der Pharao.

In den Saal trat ein riesiger Nubier, verneigte sich tief und sprach: „König von Ägypten! Ich bringe dir hier einen versiegelten Brief. Ich bin überzeugt, daß keiner deiner Schreiber oder Zauberer ihn lesen kann, ohne das Wachssiegel zu erbrechen. Und wenn wirklich kein Ägypter den versiegelten Brief entziffert, so werde ich nach Nubien zurückkehren und meinem König und unserem ganzen Volk verkünden, wie schwach und armselig die Zauberkunst des ägyptischen Landes ist, und die ganze Welt wird euch verspotten.“

Der Pharao war außer sich ob der Dreistigkeit, doch ließ er sich seinen Zorn nicht anmerken, sondern befahl gleichgültig, sofort seinen weisen Sohn, den Prinzen Chaemwese zu rufen.

„Mein Vater und mächtiger Pharao, möge sich der Barbar erst einmal erholen von der langen Reise. Man soll ihn bewirten und ihm im königlichen Palast ein Lager bereiten“, sagte Chaemwese. „Morgen berufen wir den Hof ein, und ich bringe einen Zauberer mit, der beweisen wird, daß wir die Zauberkünste beherrschen wie niemand außerhalb der Grenzen unseres Reiches.“

„Es geschehe, wie du gesagt“, entschied der Pharao.

Obwohl Chaemwese einer der weisesten Männer Ägyptens war und einer der größten Zauberer überhaupt, machte er sich doch große Sorgen. Auch nur ein einziges Wort von einer versiegelten Papyrusrolle abzulesen, ohne das Siegel zu erbrechen und die Rolle aufzurollen, das ging über sein Können.

Als der Prinz in seinen Palast zurückkehrte, war er so bleich, daß seine Gemahlin befürchtete, er sei krank.

„Was quält dich, mein Herr und Gemahl? Hat sich etwa eine schlimme Krankheit in deinem Körper niedergelassen?“ fragte sie besorgt. Als ihr Chaemwese alles erzählt hatte, begann sie jämmerlich zu weinen.

Ihr zwölfjähriger Sohn Si-Osiris hielt sich gerade im Nebenzimmer auf und hatte alles mit angehört. Frohgemut lief er herbei und erklärte stolz: „Macht euch keine Sorgen, ich selbst werde den versiegelten Brief vorlesen.“

Chaemwese blickte auf und musterte den selbstbewußten Knaben.
„Ich weiß, mein Sohn, daß du mächtige Zauber kennst. Aber wie soll ich glauben, daß du morgen, wenn du vor den Pharao trittst, tatsächlich die versiegelte Papyrusrolle lesen kannst?"
„So geh doch in das Zimmer, in dem du alle deine Papyri aufbewahrst, nimm einen davon und versiegle ihn. Und ich werde ihn lesen, ohne ihn auch nur zu berühren."
Also holte Prinz Chaemwese eine versiegelte Papyrusrolle, und der Knabe entzifferte tatsächlich mühelos, was darauf geschrieben war.
Am nächsten Tag berief der Pharao seinen Hof ein und befahl dem Großwesir, den Nubier zu holen. Hochmütig trat der riesige Zauberer in den Saal, schwenkte die Papyrusrolle und rief: „König Ägyptens, wenn deine Zauberer nicht vorlesen, was in diesem versiegelten Brief steht, mußt du zugeben, daß der Zauber Nubiens mächtiger ist als der Zauber Ägyptens, und dein Land wird der ganzen Welt zum Gespött sein!"
„Chaemwese, mein Sohn", sprach da Ramses. „Du bist einer der größten Zauberer Ägyptens. Antworte diesem unverschämten Barbaren!"
„Mächtiger Pharao, dieser Hund, der keine Achtung empfindet vor dem ruhmreichsten ägyptischen Herrscher, ist es nicht wert, daß sich ein großer Zauberer mit ihm in der Zauberkunst mißt. Si-Osiris wird ihm antworten, mein Sohn und dein Enkel. Auch wenn er erst zwölf Jahre alt ist, so beherrscht er das Zauberhandwerk doch soweit, daß er mit Leichtigkeit die Rolle dieses Barbaren lesen kann."
Stimmengewirr und sogar Lachen wurden im Saal laut, als nun der Knabe in den Saal trat und sich vor dem Thron neben dem grimmigen nubischen Riesen aufstellte, der noch immer seine Papyrusrolle schwenkte.
„O Pharao, hochedler Herrscher und geliebter Großvater", sprach Si-Osiris mit heller und klarer Stimme. „Die versiegelte Rolle in der Hand dieses schamlosen Hexenmeisters erzählt eine

Geschichte, in der die Ehre und der Stolz eines unserer Vorfahren verletzt wird. Der Brief schmäht einen Pharao, der vor vielen Jahren auf dem gleichen Platz saß, auf dem du heute sitzt, der ebenso wie du Geißel und Zepter in der Hand hielt, die Symbole der Herrschergewalt, und auf dem Kopf die doppelte Krone trug."

Der Knabe verstummte und fuhr dann fort. „Und es wird auch von einem König berichtet, der in alten Zeiten im nubischen Land herrschte. Eines Tages ruhte der Herrscher in seinem Palast am Ufer des Nil weit von hier. Hinter seinem Thron, zwischen den Säulen, saßen im Schatten von Palmen die größten nubischen Zauberer und unterhielten sich. Der König aber hörte ihrem Gespräch aufmerksam zu.

Einer der Zauberer sagte: ‚Mit Waffen und Soldaten ist gegen Ägypten nichts auszurichten. Doch mit starken Zaubern können wir den Pharao und sein Volk in die Knie zwingen. Ich selbst könnte über Ägypten schwarze Finsternis schicken, so daß man drei Tage lang nicht die Hand vor den Augen sieht.'

‚Das ist ganz gut möglich', meinte ein zweiter Zauberer. ‚Ich könnte das ganze ägyptische Land mit einem Getreidebrand verseuchen, der die ganze Jahresernte vernichtet.'

Und so dachten sich die Zauberer alle möglichen verhängnisvollen Ereignisse aus, mit denen sie Ägypten heimsuchen wollten, bis schließlich der oberste Zauberer, Gelehrte und Schreiber Horus erklärte: ‚Ich könnte diesen Hund von Pharao, der sich als unser Herr aufspielt, mit meiner Zauberkraft hierher versetzen und vor dem ganzen Volk auspeitschen lassen. Jawohl, das brächte ich fertig. Und dann würde ich ihn wieder zurück nach Ägypten schaffen lassen, und das alles würde nur wenige Stunden dauern.'

Dieser Einfall gefiel dem nubischen König von allen am besten, er winkte Horus zu sich und sprach: ‚Mein oberster Zauberer Horus, Sohn einer schwarzen Mutter, ich habe deine Worte vernommen. Wenn du tatsächlich vollbringst, was du soeben gesagt, verdienst du einen Lohn, wie ich ihn bisher noch niemandem ausgezahlt. Und du kennst meine Freigebigkeit.'

Horus verneigte sich tief und führte sogleich vor, was er konnte. Er zauberte eine Sänfte herbei und knetete aus Wachs vier Figuren. Er murmelte ein paar geheimnisvolle Worte, und die kleinen Wachsfiguren wuchsen zu menschlicher Größe. Dann hauchte er ihnen Leben ein und befahl ihnen, sofort nach Ägypten zu fliegen und noch in der gleichen Nacht den ägyptischen Pharao herbeizuschaffen."

Si-Osiris verstummte, blickte den Nubier an und fragte: „Steht es so in der Papyrusrolle? Sprich die Wahrheit, oder der allmächtige Re wird ein Feuer auf dich herabschicken, und auf der Stelle, wo du jetzt stehst, wird nur ein Häufchen Asche zurückbleiben!"

Der Nubier verneigte sich tief vor dem Knaben und antwortete: „Ich bin überrascht, o Herr. Genauso steht es in dem Brief geschrieben."

Der Knabe lächelte und las weiter aus der versiegelten Rolle vor: „Und es geschah, wie Horus versprochen. Die vier Wachsmänner trugen den schlafenden ägyptischen Pharao von seinem Ruhelager auf den Hof des nubischen Königspalastes. Dort drängte sich bereits auf dem großen Platz vor dem Thron eine riesige Menschenmenge. Und sie alle wurden Zeugen, wie die Büttel auf Befehl des nubischen Königs den ägyptischen Herrscher erbarmungslos auspeitschten. Dann trugen die Wachsmänner den gepeinigten Pharao wieder zurück nach Ägypten und legten ihn auf seinem Ruhebett nieder. Das alles dauerte nur wenige Stunden, so wie es der nubische Zauberer versprochen hatte.

Am Morgen erwachte der Pharao und konnte sich vor Schmerzen kaum rühren. Und als er die blutigen Striemen auf seiner Haut entdeckte, da erkannte er, daß er nicht geträumt hatte.

Er rief seinen ganzen Hof und alle seine Zauberer, Gelehrten und Schreiber zu sich und berichtete ihnen, wie der nubische König ihn gedemütigt hatte.

‚Ich will, daß ihr mich und unser Land vor diesen Barbaren und ihren bösen Hexenkünsten beschützt!' befahl der Pharao. ‚Doch damit nicht genug. Ich will Rache nehmen an dem König von Nubien und seinem Zauberer, der das alles ausgeheckt.‘

Da trat der oberste ägyptische Zauberer und Schreiber vor, verneigte sich tief vor dem Pharao und sprach:

‚O Pharao und Herrscher der Welt, die Schande, die die Söhne Nubiens deiner Erhabenheit angetan, dürfen wir nicht ungesühnt lassen. Ich bin gewiß, Zauber zu kennen, die dich schützen und rächen werden.‘

Vergebens suchten in der nächsten Nacht die nubischen Wachsmänner in das Schlafgemach des Pharao einzudringen. Es war, als sei dieses von einer unsichtbaren Wand umgeben. Fünf Stunden lang rannten sie mit Händen und Füßen gegen etwas Unsichtbares an und wurden immer wieder von diesem Hindernis zurückgeschleudert. Dann erklang im königlichen Vorzimmer ein lautes Zischen, und die Wachsmänner verschwanden für immer. Nur vier unförmige Wachsstücke fand man am Morgen vor.

Der Zauberer war zufrieden. Er hatte den Pharao beschützen können. Nun blieb noch die Rache. Unverzüglich machte er sich ans Werk. Er zauberte eine Zaubertrage herbei und dazu vier Träger aus Wachs und schickte sie in der Nacht aus, den nubischen König zu holen.

Vor dem Re-Tempel hatte sich eine riesige Menschenmenge versammelt, und alle erlebten ein Schauspiel, von dem noch lange ganz Ägypten sprach. Vier seltsame Träger brachten auf einer Trage den nubischen König herbei, entblößten seinen Rücken und prügelten ihn windelweich. Dann legten sie ihn wieder auf die Trage und trugen ihn davon.

Am nächsten Morgen konnte der König von Nubien vor Schmerzen weder liegen noch sitzen. Gleich ließ er seinen Zauberer Horus rufen und befahl ihm, ihn vor den ägyptischen Zauberern zu beschützen und die Schande zu rächen.

Doch der nubische Zauberer mochte zaubern soviel er wollte, gegen die Zauberkünste des ägyptischen Meisters war er machtlos.

Dreimal brachten die Wachsträger den König von Nubien auf den Platz vor dem Re-Tempel und peitschten ihn dort vor den in

Scharen zusammengelaufenen Ägyptern aus. Der nubische Herrscher war schließlich derart zugerichtet, daß er überzeugt war, eine vierte solche Behandlung nicht mehr zu überleben. Er ließ Horus kommen und fuhr ihn wutschnaubend an: ‚Unglück über dich, Horus! Wisse, wenn du mich nicht endlich vor den bösen Hexenkünsten bewahrst und ich noch ein einziges Mal nach Ägypten geschleift werde, so ist dir eine schreckliche Folter gewiß und danach ein grausames Ende!'

Der nubische Zauberer antwortete unterwürfig: ‚Mein großer Herr und ruhmreicher König, gestatte mir, persönlich nach Ägypten zu ziehen und den ägyptischen Zauberer aufzusuchen, der meine mächtigen Kreise stört. Ich werde ihn zu einem schrecklichen Zauberwettkampf herausfordern, ihn in die Knie zwingen und grausam bestrafen für alles, was er dir zugefügt.'

‚Es sei! Doch solltest du unterliegen, so wage nicht, nach Nubien zurückzukehren. Und wisse, ich werde dann deine ganze Sippschaft verfluchen bis ins jüngste Glied. Dies ist mein unumstößlicher Wille!' erklärte der König, ehe er Horus gnädig entließ.

Der nubische Zauberer ging vom Palast direkt zu seiner Mutter und berichtete ihr von seiner Unterredung mit dem König. Und er endete seinen Bericht mit den Worten: ‚Ich werde nach Ägypten gehen und mit meinem Gegner einen unerbittlichen Kampf ausfechten!'

‚Sei vorsichtig, mein Sohn! Hüte dich vor den ägyptischen Zauberern, denn sie sind mächtiger als wir. Ich habe Angst, daß sie dich fangen werden und du nie mehr nach Nubien zurückkehrst.'

‚Dein Rat in Ehren, Mutter, aber ich muß nach Ägypten. Der König hat es so befohlen, und ich habe gar keine andere Wahl.'

‚Ich sehe, daß dich nichts von deinem gefährlichen Vorhaben zurückhalten kann', sagte die Mutter schließlich. ‚So laß uns wenigstens ein Zeichen verabreden für den Fall, daß sie dich fangen, damit ich dir zu Hilfe eilen und dich befreien kann.'

‚Wenn das Wasser, von dem du trinkst, sich in Blut verwandelt, wenn der Himmel über deinem Haupt blutrot leuchtet, so wisse, daß ich verloren habe und in der Gewalt der ägyptischen Zauberer bin.'

Nach diesen Worten streckte er die Arme aus, murmelte eine Beschwörung und war im Augenblick in der Residenzstadt des ägyptischen Pharao. Dann schritt er in den Palasthof, wo der Pharao gerade auf seinem Thron saß, umgeben von all seinen Gelehrten, Weisen, hohen Beamten, Fürsten, Schreibern, Ratgebern und den mächtigsten Zauberern, mit denen er sich beriet. Mitten im Hof blieb Horus stehen und rief, alles mit seiner Stimme übertönend: ,Wer ist der Unverschämte, der es wagt, mit seinen Hexenkünsten meine magischen Kreise zu stören? Er soll vortreten und sich mir stellen! Wir werden sehen, wessen Zauber stärker sind!'

Da trat aus den Reihen der um den Pharao versammelten Fürsten und Ratgeber der größte ägyptische Zauberer vor und rief: ,Weh dir, Nubier! Du kannst nur Horus sein, der Sohn einer schwarzen Mutter. Wie konntest du dir erlauben, unseren mächtigen Pharao, den Herrn der Welt, zu erniedrigen? Ja, ich war es, der deine abscheulichen Hexenkünste vereitelt hat. Nun bist du gekommen, dir persönlich die verdiente Strafe zu holen. Zeig nur, was du kannst, und wisse, daß ich dich besiegen werde!'

,Du hast also meine magischen Kreise gestört! Dafür wirst du heulen wie ein Schakal!' schrie der Nubier, dann murmelte er schnell einen Zauberspruch.

Indem schlugen rings um den Schloßhof hohe Flammen empor und näherten sich mit Windeseile dessen Mitte und dem Thron. Die ägyptischen Fürsten, die Weisen und Gelehrten und selbst der Pharao erschraken zu Tode. Sie brachten kein Wort heraus und starrten dem Feuertod entgegen.

Der ägyptische Zauberer aber sprach auch eine Zauberformel, und im gleichen Augenblick öffneten sich die Himmelsschleusen, und ein Regenguß löschte die Feuerzungen.

Horus aber murmelte wieder etwas vor sich hin und zauberte ein steinernes Gewölbe über und um den Pharao, das ihn und seinen Hof von Ägypten trennte.

Da sprach der ägyptische Zauberer eine mächtige Beschwörung, und eine große Papyrusbarke trug das Gewölbe davon und versenkte es in den Tiefen des Meeres.

Doch der nubische Zauberer gab sich noch immer nicht geschlagen. Diesmal ließ er eine schwarze Wolke aufsteigen, die im Nu den ganzen Schloßhof in schwärzeste Finsternis tauchte, so dicht, daß man die Hand nicht vor den Augen sehen konnte und alle Versammelten, ja selbst der Pharao, von unbeschreiblichem Grauen gepackt wurden. Und durch die Stille erklang von allen Seiten ein fürchterliches Brüllen, als ob eine ganze Meute hungriger Löwen in den Hof stürzte.

Aber der ägyptische Zauberer schrie noch lauter als zehn Donnerschläge zusammen, und das Löwengebrüll verstummte. Dann sprach er einen Zauberspruch, und ein starker Wind jagte die schwarze Wolke davon. Die Sonne schien hell und strahlend wie zuvor, und der Pharao und alle seine Getreuen atmeten befreit auf.

Da mußte der nubische Zauberer einsehen, daß er seinem ägyptischen Gegner nicht gewachsen war, und wollte das Feld räumen. Er murmelte schnell ein paar Worte und war im Augenblick unsichtbar.

Der ägyptische Zaubermeister aber murmelte auch etwas, da erblickten der Pharao und seine Untertanen den nubischen Zauberer in Gestalt eines Raubvogels, der eben davonfliegen wollte. Im gleichen Augenblick wölbte sich über dem ganzen Schloßhof ein dichtmaschiges Netz, der Raubvogel verfing sich darin und verlor seine Zauberkraft. Vergebens schlug er mit den Flügeln und suchte zu entkommen. Er wurde eingefangen und gefesselt.

Zur gleichen Zeit hatte im fernen Nubien die Mutter des Horus Durst und schöpfte Wasser in einen Krug, um daraus zu trinken. Als sie aber den Krug zum Munde führte, da sah sie, daß dieser nicht mit Wasser gefüllt war, sondern mit Blut. In böser Ahnung blickte sie zum Himmel empor, und auch der war blutrot gefärbt. Da wußte sie, daß ihr Sohn in Gefahr war und ihr das Zeichen gab, auf daß sie ihm zu Hilfe eile. Schnell rief sie einen Zauberspruch, verwandelte sich in eine Wildgans, überflog im Nu ganz Nubien und Ägypten, kreiste über dem Königspalast und rief nach ihrem Sohn.

Der ägyptische Zauberer schaute zum Himmel auf, sah die Gans und erkannte in ihr die Mutter seines Gegners. Im Nu hatte er ein Netz über die Gans geworfen, und diese fiel, ihrer Zaubermacht beraubt, auf dem Schloßhof nieder.

Dann sprach der ägyptische Zauberer über beiden Vögeln eine Beschwörung. Mutter und Sohn erlangten ihre menschliche Gestalt zurück und baten um Gnade.

‚Was soll mit ihnen geschehen, o mächtiger Pharao?' fragte der ägyptische Zauberer.

‚Gib ihnen die Freiheit zurück. Doch sie müssen geloben, niemals mehr nach Ägypten zurückzukehren und von nun an unser Volk mit ihren Zauberkünsten zu verschonen', antwortete der Herrscher Ägyptens.

Beide Gefangenen schworen bereitwillig, was der Pharao von ihnen verlangte.

Daraufhin zauberte der ägyptische Zauberer eine Zauberbarke herbei, die den nubischen Zauberer und seine Mutter durch die Lüfte bis ans Ende der Welt brachte.

Der Pharao befahl dem ersten Schreiber, über alles, was sich auf dem Schloßhof zugetragen, einen Bericht zu verfassen und diesen mit dem schnellsten Läufer unverzüglich dem nubischen König zuzustellen.

Und so mußte der Herrscher von Nubien wohl oder übel die Größe des ägyptischen Pharao anerkennen und ihm Treue und Gehorsam geloben.

Zugleich aber verfluchte er Horus und dessen ganze Sippe bis ins jüngste Glied. Und er ließ seinen Schreiber kommen und den Fluch niederschreiben und ihn ans Ende der Welt schicken.

‚Und du sollst mit deinen Söhnen, Enkeln und deren Kindern und Kindeskindern so lange ans Ende der Welt verbannt sein, bis du oder ein anderer von deinem Blute sich rächt an dem ägyptischen Pharao und seinem Zauberer und beweist, daß die Zauber und Wunder Nubiens mächtiger sind als die Zauber und Wunder Ägyptens!‘ So endete der Fluch des nubischen Königs.“

Si-Osiris hatte zu Ende gesprochen, verstummte für eine Weile, zeigte dann auf die versiegelte Rolle und sprach zu dem Nubier gewandt: „Stimmen die Worte, die ich soeben vorgelesen, überein mit denen der Papyrusrolle? Sprich die Warheit, oder der allmächtige Re wird ein Feuer auf dich herabschicken und dich in ein Häuflein Asche verwandeln!“

Der Nubier fiel auf die Knie und rief: „Deine Worte sind die nämlichen wie in dem Brief, o mächtiger Zauberer!“

„So erbrecht das Siegel und lest vor, was dort geschrieben steht!“ befahl der Pharao.

Und als man den Brief vorgelesen hatte, da war der ganze Hof sprachlos ob der ungewöhnlichen Fähigkeiten des jungen Si-Osiris. Der Knabe hatte tatsächlich den Inhalt der versiegelten Papyrusrolle wortwörtlich wiedergegeben und so den Ruhm und die Größe seines Landes erfolgreich verteidigt.

Der nubische Zauberer bat demütig: „O mächtiger Pharao, ich bitte dich, laß mich in Frieden ziehen!“

Aber Si-Osiris fiel ihm schnell ins Wort: „Pharao, ehe du eine Entscheidung fällst, sollst du wissen, daß dieser Mann, der vor dir kniet, ein Nachkomme des nubischen Zauberers Horus ist.“

„Ich will dir dennoch die Freiheit schenken, Nachkomme des Horus“, erklärte der Pharao. „Und noch heute werde ich deinem König einen Brief schreiben und ihn bitten, den alten Fluch seines Vorfahren aufzuheben. Auf daß dein Geschlecht nie mehr Ägypten zu schaden versucht und meine ruhmvollen Nachkommen nie mehr beleidigt und erniedrigt.“

Und Ramses der Große rief mit machtvoller Stimme: „Möge ewig Friede und Freundschaft herrschen zwischen Ägypten und Nubien! Dies ist mein Wille!“

SECHSTER TAG

Am blauen Himmel steuert der strahlende Sonnengott Re seine goldene Barke, und die Erde glüht und brennt unter ihren stechenden Strahlen. Der neue Tag ist längst erwacht, das königliche Schiff schaukelt auf den Wellen, und im Schatten der Purpursegel und des goldenen Baldachins sitzen die erhabene Königin, ihr Sohn und der Hofschreiber.

„Kennst du, verehrter Schreiber, auch ein Märchen vom Adler?“ fragt Prinz Caesarion.

„Verzeih meinem Sohn, würdiger Gelehrter. Er ist jung und hat manchmal kindische Einfälle“, entschuldigt Königin Kleopatra den Prinzen. „Sicher hat ihn der große Adler beeindruckt, der über dem Felsen dort schwebt und mit seinem scharfen Auge nach Beute späht.“

„Und weißt du, daß ich deinen Wunsch tatsächlich erfüllen kann, edler Prinz?“ antwortet der Schreiber. „Heute werde ich euch von den letzten großen Pharaonen längst vergangener Zeiten berichten. Einen von ihnen haben gerade wilde Adler zur Vernunft gerufen und ihm so seine Ehre gerettet. Einem zweiten Pharao hat ein riesiger Adler die Gemahlin ausgesucht, und einem dritten haben sogar kleine Mäuse das Leben gerettet.“

WIE DER SCHLAUE WESIR DEN PHARAO BESIEGTE

Nur alte und vergilbte fremde Papyri erzählen von der Herrschaft des großen Pharao Schabaka. Damals erwuchs unserem Land weit im Osten ein Gegner, der ihm die Macht und die Weltherrschaft streitig machen wollte. Es war das Königreich Assyrien, in dem zu jener Zeit der große und mächtige König Sanherib herrschte.

Der Pharao konnte es nicht verwinden, einen so starken Nachbarn zu haben, und deshalb überlegte er ständig mit seinen Gelehrten und Weisen, wie er das stolze Reich Assyrien schwächen und König Sanherib in die Knie zwingen könnte. Doch alle seine Pläne wurden von dem hochgebildeten und schlauen Wesir Achikar durchkreuzt, dem treuen Diener und Berater des assyrischen Königs.

Der Pharao wußte, solange dieser Gelehrte und Philosoph lebte, würde er gegen das Königreich Assyrien und dessen Herrscher Sanherib nichts ausrichten können. Sein einziger Trost war Achikars hohes Alter. Sicher würde er bald das Zeitliche segnen, und einen zweiten solchen Ratgeber fand König Sanherib nie wieder.

Der Wesir Achikar war reich wie kaum ein zweiter Mann in Assyrien, denn sein König belohnte ihn freigebig für seine Dienste. Er besaß einen prächtigen Palast, große, ertragreiche Güter und eine Schatzkammer voll Goldmünzen und kostbarem Schmuck. Nur eines hatte er nicht: einen Sohn, der der Trost seines Alters gewesen wäre und dem er all seine Weisheit und seine Schätze hätte vererben können.

Und da ihn dieser Umstand sehr bekümmerte, beschloß er eines Tages, seine Schwester zu bitten, sie möge ihm ihren Sohn Nadin überlassen.

Er stattete also seiner Schwester und deren Gemahl einen Besuch ab und erzählte ihnen von seinem bisher unerfüllt gebliebenen Herzenswunsch, um dann gespannt auf ihre Entscheidung zu warten.

„Nimm unseren Sohn Nadin mit dir, teurer Bruder", sagte die Schwester. „Ich weiß, daß du gut für ihn sorgen wirst, besser als ich und mein Gemahl es können. Nur gestatte mir, daß ich ihn jederzeit besuchen darf, um mich an seinem Anblick zu erfreuen."

Der Wesir versprach es ihr gern und ging dann mit dem Kind im Arm davon.

Da Nadin noch ein Säugling war, sorgten acht Ammen für den Kleinen. Dafür bezahlte er sie fürstlich, kleidete sie in Seide, versorgte sie mit auserwählten Speisen und Getränken und umgab sie mit Dienerinnen und Dienern, die ihnen jeden Wunsch und jede Laune erfüllten.

„Hauptsache, mein teuer Nadin bekommt die fetteste und gesündeste Milch und die Ammen pflegen ihn gut und erziehen ihn zu einem starken, gesunden und ordentlichen Mann", sagte er sich dabei.

Als Nadin größer wurde, lehrte ihn sein Onkel Achikar das Schreiben und Lesen und machte ihn vertraut mit allen Weisheiten der Welt. Und da der Knabe klug und aufgeweckt war, eignete er sich bald alles Wissen Achikars an.

Zu jener Zeit war der Wesir schon sehr alt. Haupthaar und Bart waren weiß wie Milch, seine Kräfte schwanden zusehends, und sein Rücken beugte sich unter der Last der Jahre.

Da sprach König Sanherib zu seinem treuen Ratgeber: „Edler Wesir, treuer Freund! Ich wünsche dir ein langes und glückliches Leben. Doch der Tod ereilt jeden Sterblichen, es gibt vor ihm keine Flucht und keine Rettung. Du bist alt geworden und hast die Ruhe verdient, die ich dir gern gewähren möchte. Du warst ein ausgezeichneter Wesir, der beste Ratgeber und treueste Freund deines Königs. Dem ägyptischen Pharao hast du viele Male seine Pläne vereitelt und so unser Land und meine Ehre gerettet. Erweise mir noch einen letzten Dienst und rate mir, wen ich an deine Stelle einsetzen soll. Sage mir, wer nach dir mein Wesir, Berater und Freund und auch Beschützer vor dem mächtigen ägyptischen Reich werden soll. Ich weiß, du wirst mir nur einen Menschen zuführen, der mich niemals verrät, belügt oder enttäuscht."

„Erhabener König, der Mann, von dem du sprichst, ist Nadin, mein Schwestersohn", antwortete Achikar. „Ich habe ihn vor Jahren zu mir genommen, ihn wie meinen Sohn aufgezogen und all meine Weisheit und Gelehrtheit an ihn weitergegeben."

„So bringe ihn denn zu mir. Wenn ich feststelle, daß er dir gleicht, so soll er mein Wesir und erster Berater werden. Dir aber gönne ich die Ruhe, die du dir nach so langem und anstrengendem Dienst bei mir und meinem Vater wahrlich längst verdient hast."

Also stellte Achikar dem Herrscher Assyriens seinen Neffen Nadin vor. Nadin verneigte sich in Ehrfurcht vor dem König und grüßte ihn mit wohlgewählten Worten. Sanherib unterhielt sich mit ihm über dies und jenes und stellte erfreut fest, daß der junge Mann wirklich klug und weise war und Achikar mit seinem Lob nicht übertrieben hatte.

„Der allerhöchste Gott Assur möge deinen Neffen beschützen,

teurer Freund, und ihm soviel Kraft, Schläue und Geduld verleihen, wie er sie dir geschenkt hat. Ich wünsche, daß Nadin mir ebenso treu dient wie du, denn wisse, ich will ihn an deiner Stelle in meine Dienste nehmen. Er wird sich meiner Achtung und meiner Gunst erfreuen."

Achikar bedankte sich bei dem assyrischen Herrscher, und dann führte er Nadin in seinen Palast, wo er ihm all seine Schätze zeigte. Und als dies geschehen, sprach er:

„Ich bin glücklich, fortan mit dir hier leben zu können. Alle meine Diener werden zu deiner Verfügung stehen."

Von jenem Tag an verbrachte der ehemalige Wesir die meiste Zeit in seinen Gemächern und belastete seinen Kopf nicht mehr mit Sorgen. So wie er bisher mit größtem Eifer gearbeitet hatte, so intensiv genoß er nun den Ruhestand. Nur von Zeit zu Zeit besuchte er den König, und die beiden alten Freunde tauschten dann Erinnerungen aus an alles, was sie gemeinsam erlebt.

Nadin aber sah sich auf einmal als großer und mächtiger Wesir, und Ruhm und Macht stiegen ihm zu Kopf. Er vergaß die Ratschläge seines Onkels Achikar, stolzierte wie ein Pfau umher, hielt niemanden außer dem König auch nur eines Wortes wert und ging mit dem Reichtum seines Onkels so leichtfertig um, als hätte der ihm schon immer gehört. Alles Gute, was sein Wohltäter an ihm getan, hatte er fast vergessen, ja er verleumdete ihn sogar im Rat und vor dem König. Im Inneren war er nämlich eifersüchtig auf den Ruhm und die Achtung, die Achikar bei allen noch immer genoß.

Den alten Wesir schmerzte des Neffen Verhalten, und noch mehr schmerzte ihn, daß ihm dessen Schwächen nicht eher aufgefallen waren. Und eines Tages klagte er dem König sein Leid.

Der Herrscher ließ Nadin zu sich rufen und sprach zu ihm: „Dein Onkel Achikar ist noch nicht gestorben, verschwende also seinen Besitz nicht. Verlasse sein Haus!"

„Ich höre und gehorche", antwortete Nadin und verneigte sich tief.

Er mußte also des Onkels Haus verlassen und all dessen Schätze dort zurücklassen. Dafür haßte er Achikar noch mehr und beschloß, seinen Wohltäter zu vernichten. Um dieses zu erreichen aber mußte er den König gegen ihn aufbringen, der ja des Alten größter Gönner und Beschützer war.

Nadin kannte Achikars Schrift sehr gut, so gut, daß er sie hervorragend nachzuahmen verstand. Selbst die größten Schriftkenner hätten die beiden Schriften nicht voneinander unterscheiden können.

Ohne Skrupel schritt Nadin zur Tat. Er setzte sich hin und schrieb in Achikars Schriftzügen einen Brief an den ägyptischen Pharao, und in dem stand: „Von Sanherib, dem mächtigen König Assyriens, und seinem Wesir, dem Hüter des Staatsgeheimnisses Achikar, an den ruhmreichen Pharao Schabaka, den Herrn von Ober- und Unterägypten. Ich habe ein hohes Alter erreicht, aber keinen Sohn, der nach mir den assyrischen Thron besteigen könnte, wenn meine Seele dereinst ins Westliche Reich fliegt. Und so habe ich überlegt, welchem der Nachbarkönige ich die Herrschaft über Assyrien übergeben soll, und habe keinen würdigeren Herrscher gefunden als dich, o großer Pharao. Sobald du dieses Schreiben gelesen, zögere nicht und ziehe in unser Land. Ich schenke dir mein Königreich, auf daß du es dem deinen anschließt."

Darauf entwendete Nadin des Onkels Siegel und drückte es auf das Schreiben, das er zwei Tage ständig bei sich trug. Kaum hatte er einen nichtswürdigen Diener bestochen, sprach er: „Wenn man dich vor den König führt und dich nach dem Brief fragt, den Achikar an den ägyptischen Pharao geschrieben, so antworte: Mein Herr, der Wesir Achikar hat mir den Brief gegeben und befohlen, ihn heimlich dem Pharao zuzustellen und schnellstens mit der Antwort zurückzukommen."

Nach zwei Tagen trat Nadin vor den König Sanherib, übergab ihm ein versiegeltes Schreiben und sprach: „Mächtiger König, meine Treue und Ergebenheit zu dir erlegen mir auf, dich über alle bedeutsameren Ereignisse, aber auch über jede unbedeutende Kleinigkeit zu unterrichten. Diesen Brief habe ich bei einem von Achikars Dienern gefunden, der damit gerade auf dem Wege zu

Pharao Schabaka, dem ägyptischen Herrscher, war. Ich weiß nicht, was der Brief enthält. Erbrich das Siegel und lies, was darin geschrieben steht. Ich hoffe, daß er in guter Absicht geschrieben wurde und unserem Land und dir, o König, zum Guten dienen soll."

Der König öffnete den Brief und las ihn vor seinem jungen Wesir laut vor. Große Überraschung und Verwunderung spiegelte sich auf beider Gesichtern, und lange, bedrückende Stille erfüllte den Raum.

Als erster erholte sich Nadin von dem scheinbaren Staunen. „König, laß jenen Diener holen und frage ihn nach dem Brief. Vielleicht weiß er mehr und verrät uns ein wichtiges Geheimnis."

König Sanherib ließ sofort nach Achikars Diener schicken und fragte ihn: „Was weißt du von dem Brief, den mein Wesir Nadin bei dir gefunden, als du damit nach Ägypten unterwegs warst?"

„Ich weiß nicht, was der Brief enthält", antwortete der Diener. „Ich weiß nur, daß der Wesir Achikar ihn mir gegeben und mir auftrug, ihn heimlich nach Ägypten zu bringen und dem Pharao zu übergeben. Unterwegs aber überraschte mich der Wesir Nadin, untersuchte mich und fand den Brief. Er verhörte mich, und so blieb mir nichts übrig, als die Wahrheit zu gestehen. Der Wesir Nadin nahm mir den Brief ab und entließ mich, denn ich bin ja nur ein Diener und habe lediglich getan, was mein Herr mir befohlen. Mehr weiß ich von dem Brief nicht."

Daraufhin sagte der König: „Der Wesir Nadin hat recht gehandelt. Auch ich werde dich nicht bestrafen. Du bist frei und kannst deines Weges gehen."

Dann berief er den Rat ein, las allen seinen Ratgebern Achikars Brief vor und berichtete, was ihm der Diener gestanden hatte.

Die Ratgeber waren entsetzt, sie wollten ihren Ohren nicht trauen. Und sie baten den König, Achikar vorzuladen, damit der sich verteidigen könne. Es konnte ja immerhin sein, daß es sich um einen Irrtum handelte oder gar um eine Verschwörung gegen seine Person.

Achikar erschien vor dem König und der Ratsversammlung. Er hatte nicht die geringste Ahnung, warum er vorgeladen worden war. Der König reichte ihm den Brief, und der alte Wesir erschrak über die Maßen, als er seine Schrift erkannte. Und als er erst las, was er da geschrieben haben sollte, da wurde ihm schwarz vor den Augen und er brachte kein Wort heraus. Lange, lange schwieg er, konnte nicht einmal seine Gedanken ordnen, geschweige denn, etwas zu seiner Verteidigung vorbringen.

Achikars langes Schweigen bestätigte den König und den königlichen Rat in dem Verdacht, der alte Wesir habe sich tatsächlich mit dem ägyptischen Pharao gegen sein eigenes Land verschworen.

In seinem Zorn ließ der König den Henker rufen und befahl diesem, Achikar unverzüglich hinzurichten, und zwar direkt vor dem Haus des Verurteilten. Seinen armen alten Wesir zu fragen, warum er so lange schwieg, oder gar die ganze Angelegenheit gründlich zu untersuchen, das fiel dem König nicht ein. Der Zorn war zu stark in ihm, als daß er hätte vernünftig handeln und überlegen können.

Achikar hatte sich inzwischen gefaßt und wollte schon zu einer Verteidigungsrede ansetzen, als ihm ein rettender Gedanke kam. Statt sich zu verteidigen, sagte er nur: „Dein Wille geschehe, König. Ich bitte dich nur, daß meine Leute meinen Leichnam begraben dürfen, wenn ich tot bin."

„Deiner Bitte wird stattgegeben", antwortete der Herrscher Assyriens.

Der Henker und seine Gehilfen führten den Verurteilten zu dessen Palast, um ihn dort hinzurichten.

Achikar befahl seiner Frau und den Dienstmägden, Trauerkleider anzulegen und für den Henker und die Henkersknechte auserwählte Speisen und den besten Wein herbeizubringen, auf daß sie sich vor der Hinrichtung stärken könnten. Als das schwere Essen und der starke Wein die Henkersknechte eingeschläfert hatte, sprach der alte Wesir zu dem Scharfrichter: „Erinnerst du dich noch, daß ich dir einst das Leben gerettet habe, als König Sargon, der Vater unseres jetzigen Königs, dich zu Unrecht zum Tode verurteilte? Ich war überzeugt, daß du unschuldig bist, und versteckte dich heimlich in meinem Haus, damit man dich nicht hinrichten konnte.

Dann ging ich zum König und erklärte ihm, daß du das Opfer einer tückischen Intrige bist, die deine Feinde gegen dich angezettelt hatten. Der Herrscher ließ sich von deiner Unschuld überzeugen und widerrief sein Urteil."

„Ja, ich erinnere mich wohl daran", erwiderte der Henker, „und ich werde dir bis ans Ende meiner Tage dankbar sein, daß du mich gerettest und mir mein schon fast verlorenes Leben wiedergeschenkt hast."

„So wisse denn, daß sich mein Fall nicht im geringsten von dem deinen unterscheidet. Wenn sich im Gefängnis irgendein Schurke befindet, der den Tod verdient hat, bringe ihn her, vollstrecke an ihm das Urteil und übergib den Leichnam meiner Familie, auf daß sie ihn bestattet. Ich selbst werde mich inzwischen im Kellergewölbe meines Hauses verstecken, und niemand wird erfahren, daß ich lebe. Wenn sich die ganze Sache aufklärt und meine Unschuld sich herausstellt, wird der König sein vorschnelles Urteil bereuen. Dann tritt vor ihn und sprich: ‚König, ich wußte, daß er unschuldig ist. Deshalb habe ich an seiner Stelle einen Verbrecher hingerichtet, der diese Strafe verdient hatte.' Glaube mir, der König wird dir dankbar sein für deine weise Voraussicht und dich mit seiner Gunst belohnen. Und mir vergiltst du Gutes mit Gutem."

„Ich glaube an deine Unschuld und tue gern, worum du mich bittest", erklärte darauf der Henker.

Nachdem der Henkersmeister einen Verbrecher hingerichtet hatte, kehrte er mit seinen Knechten zum König zurück und meldete, er habe sein Werk vollbracht.

Der König und der Wesir Nadin atmeten zufrieden auf. Noch zufriedener aber waren die Feinde und Nachbarn des Königs. Die hatte der lebendige Achikar am meisten gestört, sie hatten den weisen Wesir gefürchtet wie die Ente das Krokodil. Das einfache Volk aber trauerte um den alten Weisen und sprach auch weiterhin von ihm nur im Guten.

Am meisten freute sich über Achikars Tod der ägyptische Pharao. Unverzüglich schickte er dem assyrischen König einen Brief, und in dem stand: „Von Pharao Schabaka, dem mächtigen Herrscher Ober- und Unterägyptens und der ganzen Welt, an Sanherib, den König von Assyrien. Es verlangt mich nach einem Schloß, das zwischen Himmel und Erde steht. Schicke mir deinen größten Gelehrten oder Baumeister und befiehl ihm, mir einen solchen Palast zu bauen. Und außerdem soll er drei Aufgaben lösen. Wenn du dies aber nicht befolgst oder mir einen Dummkopf schickst, der die Aufgaben nicht lösen kann, so wisse, daß ich dein Land mit meinen Kriegern überfallen und sie nicht eher zurückbeordern werde, solange sie ganz Assyrien nicht mit den Hufen ihrer Pferde zerstampft haben."

Der König las das Schreiben und wurde blaß. Ja, wenn sein Wesir Achikar noch leben würde, da brauchte er sich keine Sorgen zu machen. Aber was nun? Eine Weile überlegte er, und dann rief er seine Weisen und Sterndeuter zu sich und befahl Nadin, ihnen den Brief vorzulesen.

Und dann sprach der König: „Ich habe euch gerufen, auf daß ihr mir ratet, was ich tun soll."

Die Weisen und Sterndeuter steckten die Köpfe zusammen, und nach einer Weile meldete sich der Älteste zu Wort: „Der weise Wesir Achikar hätte sich mit einer solchen Botschaft leicht zu helfen gewußt. Wir alle wissen, daß er seine Weisheit und seine Erfahrung an Nadin weitergegeben hat, seinen Schwestersohn. So befiehl denn ihm, das Schloß zu bauen und die drei Aufgaben zu lösen."

„Du bist wohl von Sinnen?" fuhr Nadin ihn an. „Der Pharao verlangt Unmögliches. Wie könnte ein Mensch einen Palast bauen zwischen Himmel und Erde? König, stelle mir keine Aufgaben, die über meine Kräfte gehen, sondern erteile nur Befehle, die ein Mensch auch ausführen kann."

„Du sprichst eine dreiste Sprache und nimmst dir viel heraus! Für diese Worte sollte ich dich den Löwen zum Fraß vorwerfen", wies der König ihn zornig zurecht. „Jetzt sehe ich, daß ich mich damals von Zorn hinreißen ließ und den weisen Wesir ungerecht verurteilt habe. Ich hätte die Angelegenheit mit dem Brief an den

Pharao ordentlich untersuchen sollen", gestand der Herrscher Assyriens reumütig ein. „Ach, gäbe es doch jemanden, der Achikar wieder zum Leben erwecken und in unsere Ratsversammlung bringen könnte! Ich würde ihm die Hälfte meiner Schätze geben und ihn zu meinem besten Freund ernennen!"

Da trat der Henker vor den König und sprach: „Ich befördere die Menschen vom Leben in den Tod, sie wiederauferstehen lassen kann ich nicht. Aber den Wesir herbeischaffen, das kann ich."

Alle Weisen, Sterndeuter und Gelehrten erstarrten vor Staunen.

„Ist es wahr, was du da sagst?" fragte der König.

„Ja, es ist wahr!" antwortete der Henker mit fester Stimme.

„Doch wie ist es möglich, daß der Wesir Achikar am Leben ist, wo du ihn doch hingerichtet hast?" fragte der König verwundert.

„Ich wußte, daß dem alten Ratgeber Unrecht geschah. Deshalb habe ich an seiner Stelle einen Verbrecher hingerichtet, der den Tod verdient hatte, und den Wesir an geheimem Ort versteckt. Ich war von seiner Schuldlosigkeit fest überzeugt und auch gewiß, daß du eines Tages Reue über deine Worte empfindest, die der Zorn dich sprechen ließ und bedauerst, ihn ums Leben gebracht zu haben. Braucht doch das Land seine Weisheit und auch Erfahrung!"

Der König, dem ein Stein vom Herzen gefallen war, befahl dem Henker, Achikar auf der Stelle zu holen. Es dauerte nicht lange, da war der Scharfrichter wieder zurück, und mit ihm erschien auch der weise Wesir.

Der Herrscher Assyriens erhob sich von seinem Thron, schritt dem alten Wesir entgegen und umarmte ihn. Und auch alle Weisen, Berater und Sterndeuter begrüßten Achikar herzlich. Der einzige im Saal, der die allgemeine Freude nicht teilte, war der Wesir Nadin. Er stand da und war leichenblaß. Der König setzte den alten Ratgeber neben sich und pries das Schicksal, das ihn beschützt und am Leben erhalten hatte. Und er ließ auch sogleich dem Henker die versprochene Belohnung auszahlen und erklärte ihn vor der ganzen Versammlung zu seinem Freund.

Doch nur kurz währte seine Freude, denn sogleich fielen ihm

wieder die Sorgen ein. Er reichte Achikar den schicksalhaften Brief des Pharao. Der las ihn, lächelte und meinte dann: „Die Aufgabe ist nicht so schwer, wie es den Anschein hat. Gib mir vierzig Tage Zeit, mein König, damit ich alles vorbereiten kann, was ich für den Bau des Palastes brauche.“

„Ist das alles, was du verlangst?“

„Vorläufig genügen mir die vierzig Tage“, antwortete der weise Achikar.

Die Ratsversammlung war zu Ende, und die freudige Nachricht von Achikars Rückkehr verbreitete sich mit Windeseile im ganzen Königreich. Das Volk freute sich und ließ den Henker hochleben, weil der den alten Wesir gerettet hatte.

Der einzige, der nicht jubelte, war der Wesir Nadin. Er fürchtete, sein Amt zu verlieren und streng bestraft zu werden. Nirgends fand er Ruhe. Würde der Onkel sich rächen oder ihm großmütig verzeihen? Bang lauschte er auf jeden Schritt vor seinem Haus, ständig in Angst, die Büttel des Königs könnten ihn holen und mit dem Henker und den Henkersknechten zum Richtplatz schleppen.

Achikar kehrte in seinen Palast zurück und umarmte glücklich seine Frau.

Am nächsten Tag machte sich der alte Wesir hurtig ans Werk. Zuerst befahl er den Jägern, zwei große, starke Adler lebendig zu fangen. Dann befahl er den Seilern, zwei Stricke zu knüpfen, die sollten so dünn sein, daß man sie kaum sah, und doch fest und stark und zweihundert Ellen lang. Die band er dann den Adlern an die Füße. Schließlich suchte er sich zwei waghalsige, mutige kleine Jungen, freundete sie mit den Adlern an und setzte sie schließlich den riesigen Raubvögeln auf den Rücken. Die erhoben sich mit den Knaben in die Luft und stiegen zum Himmel auf. Doch höher als zweihundert Ellen konnten sie nicht fliegen, denn sie waren ja mit den Stricken festgebunden, die unten von Achikars stärksten Knechten gehalten wurden.

Vierzig Tage lang übte dann Achikar mit den Knaben den Adlerflug. Nach vierzig Tagen begab er sich zum König. Er bat ihn um die Erlaubnis, nach Ägypten reisen zu dürfen, um dort dem ägyptischen Herrscher zwischen Himmel und Erde einen Palast zu bauen und die drei Aufgaben zu lösen.

„Weiser Wesir, ich kann es einfach nicht glauben, daß du es fertigbringst, dort oben in der Luft ein Schloß zu bauen", gab der Herrscher seinen Zweifeln Ausdruck.

„König, ich lade dich ein zu einem ganz besonderen Schauspiel. Komm morgen mit deiner Familie auf den großen Platz am Fluß vor der Stadt. Und lasse auch alle deine Berater, Weisen, Sterndeuter und Fürsten kommen und dein Volk. Sie alle sollen sich unterhalten und vergnügen."

Und es war am anderen Tage wirklich ein Vergnügen. Wer hatte auch je zwei kleine Jungen hoch über dem Fluß auf Adlern fliegen sehen? Und dann schwebten die beiden Raubvögel im Gleitflug über den Köpfen der staunenden Menge hinweg, und von oben schallten zwei helle Knabenstimmen herab: „Schickt uns Lehm und Steine herauf, damit wir dem ägyptischen Pharao einen Palast zwischen Himmel und Erde bauen können!"

Die Menge jubelte laut, am lautesten aber der König und sein Hof. Ein schwerer Stein war ihnen vom Herzen gefallen. Jetzt glaubten sie daran, daß Achikars Reise nach Ägypten erfolgreich verlaufen und Assyrien ein freies Land bleiben würde.

Der König gab seinem Berater eine Abteilung Soldaten mit, die sollten ihn unterwegs beschützen. Er stellte ihm seine besten Diener zur Verfügung mit dem Befehl, für des Wesirs Bequemlichkeit zu sorgen, und für den Pharao schickte er zehn Kisten mit kostbaren Geschenken. Dann verabschiedete er sich von dem weisen Wesir und wünschte ihm eine glückliche Reise.

So reiste nun Achikar mit seinem Gefolge über Berge, Täler und durch die glühende Wüste bis zur Residenzstadt des ägyptischen Pharao. Vor den Toren der Stadt machte er halt und ließ dem Pharao seine Ankunft melden. Der Pharao richtete ihm aus, er möge sich im Gästepalast einquartieren und dann zu ihm kommen.

Achikar trat dann vor den Pharao, verneigte sich tief und sprach:

„Sei gegrüßt, mächtiger Herrscher Ägyptens, dem ein langes Leben in Gesundheit und Frische beschert sein möge! Ich bitte dich, die Geschenke meines Herrn, des assyrischen Königs Sanherib, entgegenzunehmen. Er hat mich zu dir gesandt, auf daß ich deine Wünsche und Befehle erfülle."

„Wer bist du, und wie heißt du, Assyrier?" wollte der Pharao wissen.

„Ich heiße Abikar und gehöre dem königlichen Rat der Weisen an", dachte sich Achikar schnell aus.

„Ich habe noch nie von dir gehört, Abikar", sagte darauf der Pharao und. betrachtete ihn prüfend. Und dann befahl er ihm: „Ruhe dich drei Tage lang bei mir von deiner langen Reise aus und denke über deine Aufgabe nach. Am vierten Tag berufe ich den Rat der Weisen ein, vor dem du zu erscheinen hast."

Nach drei Tagen erschien Achikar vor dem Pharao und dessen Rat der Weisen.

„Ich hoffe, du hast dich von der langen Reise erholt", empfing ihn der Pharao gnädig. Dann betrachtete er ihn wieder prüfend und sagte: „Wer bist du wirklich? Du kommst mir bekannt vor, ich muß dich schon irgendwo gesehen haben."

„Ja, Pharao, du hast recht. Wir haben uns gesehen, als ich im Auftrag meines Herrn, des Königs von Assyrien, mit dir über die Grenzen zwischen unseren Reichen verhandelte. Ich bin Achikar, der Wesir König Sanheribs", antwortete der alte Weise.

„Aber der ist doch durch des Henkers Hand gestorben", wandte der Pharao verwundert ein.

„Wie du siehst, haben das Schicksal und der allerhöchste Gott anders entschieden", erklärte Achikar und erzählte dem Pharao und seinem Rat die ganze Geschichte.

Der Pharao dachte noch eine Weile nach, um dann mit strenger Stimme zu befehlen: „Und nun baue mir zwischen Himmel und Erde einen Palast!"

„Ich habe unsere besten Baumeister mitgebracht und die geschicktesten Handwerker. Nun ist die Reihe an dir, Pharao, die Stelle zu bestimmen, an der zwischen Himmel und Erde der Bau schweben soll, und Steine und Lehm hinschaffen zu lassen", erwiderte Achikar.

Der Pharao befahl, auf einem freien Platz mitten in der Stadt Baumaterial anzuhäufen. Dann berief er alle seine Weisen, Schreiber, Berater und Fürsten zu sich und begab sich mit ihnen dorthin. Der Wesir Achikar war mit seinem Gefolge bereits an Ort und Stelle.

Der Pharao und dessen Leute sahen erstaunt, wie über ihren Köpfen zwei riesige Adler in die Luft stiegen, auf denen zwei Knaben saßen. Die Vögel schlugen kraftvoll mit den Flügeln und stiegen höher, bis sie hoch über der Stadt in Gleitflug übergingen und die beiden Knaben laut herabriefen: „Schickt uns Steine und Lehm und Sand herauf, damit wir zwischen Himmel und Erde dem Pharao seinen Palast bauen können!"

Die ägyptischen Arbeiter liefen verwirrt hin und her und wußten nicht, was sie tun sollten.

„Nun rührt euch doch endlich und schickt meinen Baumeistern, was sie verlangen", fuhr Achikar sie an. „Hört ihr sie denn nicht rufen?"

Der Pharao wandte sich an den Wesir und sagte: „Du verlangst Unmögliches, Achikar. Niemand kann Sand und Steine in solche Höhe hinaufschaffen."

„Ja, aber verlangst du von uns denn nicht ebenso Unmögliches, Pharao?" wandte der alte Wesir verwundert ein. „Wir sind bereit, das Unmögliche zu vollbringen, doch ohne Baumaterial kann kein Baumeister etwas erbauen."

„Ich trete von meinem Wunsch zurück", gab sich da der ägyptische Herrscher geschlagen. „Ich werde nichts Unmögliches mehr verlangen. Begib dich in den Palast zurück, ruhe dich aus und komme morgen wieder zu mir. Dies ist mein Wille!"

Am nächsten Morgen erschien der weise Wesir im königlichen Palast und trat vor den Pharao und dessen weisen Rat hin.

„Achikar, ich will, daß du mir einen Strick aus Sand knüpfst!" befahl der Herrscher Ägyptens.

Der weise Wesir antwortete: „Mächtiger Pharao, befiehl, mir einen gewöhnlichen Strick zu bringen als Muster."

Als man ihm den Strick gebracht, spannte er ihn an die Südwand des Palastes und meißelte dann genau nach den Umrissen des Musters einen Riß in die Wand. Die hellen Sonnenstrahlen fielen durch den schmalen Riß in den Saal und malten auf den Fußboden einen hellen Strick.

Daraufhin rief Achikar: „Mächtiger Pharao, Herrscher der Welt, hier ist der Strick, den ich aus Sand gemacht, wie du befohlen. Nun sag deinen Leuten, sie sollen ihn aufheben, aufwickeln und wegschaffen!"

Der Pharao schwieg eine Weile und sprach dann: „Hier sind zwei Hälften eines Steinblocks, der gestern zersprungen ist. Ich will, daß du die beiden Stücke wieder zusammennähst!" Und er zeigte auf zwei große Steine, die die Diener eben in den Saal rollten.

„Leider habe ich meine Ahle, mit der ich Steine zusammennähe, nicht mitgebracht aus Assyrien. Befiehl deinen Handwerkern, mir aus Stein eine Ahle anzufertigen, und ich werde den Steinblock gern zusammennähen", antwortete der weise Wesir.

Da gab sich der Pharao endgültig geschlagen und meinte lachend: „Einen dritten Wunsch habe ich nicht, du würdest mich sowieso wieder überlisten. Wisse, ich achte dich hoch, weiser Wesir. Du bist der gelehrteste und weiseste Mann, den ich je kennengelernt."

Daraufhin übergab er Achikar kostbare Geschenke und diktierte seinem obersten Schreiber einen Brief an den assyrischen König, in dem er des Wesirs Klugheit über die Maßen pries und erklärte, Schabaka, der Pharao von Ober- und Unterägypten, sei von Stund an ein Freund des Königs Sanherib und ein treuer Verbündeter des assyrischen Königreichs. Schließlich entließ er Achikar und wünschte ihm und seinem Gefolge eine glückliche Heimreise.

Nach langer und beschwerlicher Reise kehrte Achikar nach Assyrien zurück und übergab König Sanherib das Schreiben des Pharao.

Als der Herrscher es gelesen, war er zutiefst gerührt und erfreut und bat seinen alten Wesir, ihm alles über seine Reise und seinen Aufenthalt in Ägypten zu erzählen. Und dann rief er: „Verlange von mir, was immer du willst, Geld, Güter, Paläste, alles sollst du haben. Denn wisse, mein getreuer Achikar, daß der Dienst, den du mir erwiesen, unbezahlbar ist!"

„Ich verlange von dir nur eins, erhabener König, und das ist das Leben meines Schwestersohnes Nadin."

„Sein Leben liegt in deiner Hand, treuer Berater", erklärte der König. „Entscheide selbst, ob du ihn verschonen oder vernichten willst."

Achikar ließ Nadin in seinen Palast abführen und befahl seinen Dienern, ihn in ein kaltes, dunkles Verlies zu sperren und fest anzuschmieden an der steinernen Mauer. Zum Essen durften sie ihm nur trockenes Brot und zum Trinken nur klares Wasser bringen, und vor jeder Mahlzeit sollten sie ihn mit Ruten peitschen.

Eines Tages fragte der unglückliche Nadin den alten Wesir, als dieser nachsehen kam, ob er noch am Leben sei: „Warum zürnst du mir, teurer Onkel, warum quälst du mich so?"

„Weil ich dich erzogen habe, dich unterrichtet in allem, was ich selbst wußte, dir eine sichere Stelle bei Hofe verschafft habe, und dazu wollte ich Tor dir auch noch meinen ganzen Besitz vermachen. Und für all meine Güte und meinen Edelmut hast du mir mit Verleumdung und Verrat gedankt und hättest mich beinahe ums Leben gebracht. Ohne den allmächtigen und gerechten Gott Assur wäre ich heute im Reich der Toten. Du bist wie ein Skorpion, Nadin, der beißt, sticht und Tod sät. Du bist wie eine Schlange, die vom Frost steif ist und sich nicht mehr rühren kann. Aber wenn ein guter Mensch sich ihrer erbarmt und ihren Körper wärmt, so beißt ihn das undankbare Geschöpf und tötet ihn mit seinem Gift", sagte der weise Achikar und ließ den Neffen mit Stockschlägen aus seinem Palast jagen wie den erbärmlichsten Bettler.

WIE DIE MÄUSE ÄGYPTEN RETTETEN

Von Pharao Taharga, dem zweitgeborenen Sohn des großen Pharao Schabaka, berichten alte Papyri, daß er die Soldaten verachtete und gar schlecht mit ihnen verfuhr. Er vertrieb sie aus ihren Häusern und nahm ihnen ihre Ländereien weg, die seine Vorgänger ihnen für ihre Verdienste und ihre Tapferkeit verliehen hatten. In seiner Einfalt war er überzeugt, daß dem mächtigen Ägypten keine Gefahr drohen könne und daß er nie Soldaten brauchen würde. Warum also sollte er sie für nichts und wieder nichts ernähren?

Alles Geld aus der königlichen Kasse gab er für den Bau neuer, prächtiger Tempel aus, für die Erneuerung alter Tempel und für riesige Re-Statuen, die er aus schwarzem Marmor meißeln ließ.

Deshalb stand er bei Gott Re in hoher Gunst, und der allmächtige Sonnengott schützte ihn und sein Land.

Da geschah es, daß der mächtige König der Assyrier Ägypten den Krieg erklärte und drohte, das Land mit seinem Heer zu überschwemmen.

Seine Krieger, stattliche und kräftige Bogenschützen und Speerwerfer, hatten gute, eiserne Waffen, mit denen sie ihre Gegner gnadenlos niedermachten. Sie hatten bereits das ganze Land der Zedern geplündert und standen nun vor den Toren Ägyptens.

Doch die ägyptischen Soldaten wollten nicht gegen die Assyrier kämpfen und verweigerten dem Pharao den Gehorsam. Warum auch sollten sie ihr Blut vergießen und ihr Leben lassen für einen Herrscher, der sie mißachtete und sie Not leiden ließ?

Der verzweifelte Pharao begab sich in den Tempel des allmächtigen Re und klagte vor dessen Steinbild, welch Unglück Ägypten heimgesucht habe. Lange betete er zu dem Sonnengott, bis er, von Müdigkeit und Sorgen übermannt, vor der Statue einschlief. Im Traum erschien ihm der allmächtige Re und forderte ihn auf, getrost in den Krieg mit den Assyriern zu ziehen, denn er, Re, wolle ihm im rechten Augenblick Hilfe schicken.

Der Pharao vertraute dem Traum und zog mit allen, die sich ihm anschlossen, zu einer Stadt unweit der Grenze seines Reiches, und schlug dort sein Lager auf. Die Schlacht stand bevor.

Auf der einen Seite stand das schwache Heer des Pharao, zusammengewürfelt aus Krämern, Handwerkern und Landstreichern, und auf der anderen Seite die mächtige Armee der Assyrier, die mit eisernen Waffen ausgerüstet war.

Da fiel in der Nacht eine riesige Mäuseschar über das assyrische Kriegslager her und zernagte alle Köcher und Pfeile, die Bogensehnen und die Schildgriffe.

Die Schlacht war zu Ende, noch ehe sie begonnen. Die Feinde flohen kampflos, und viele verloren ihr Leben auf der Flucht.

Seit der Zeit standen die Mäuse bei den Ägyptern in hohen Ehren und wurden für heilige Tiere gehalten.

DIE SCHÖNE SKLAVIN UND DER PHARAO

Zur Zeit, da in unserem Lande einer der letzten großen Pharaonen herrschte, der weise und gerechte Psammetich I., lebte in der ägyptischen Stadt Naukratis ein reicher griechischer Kaufmann.

Einmal, als der Kaufmann über den Markt schlenderte, bemerkte er an der Stelle, wo gewöhnlich Sklaven feilgeboten wurden, einen Menschenauflauf. Neugierig drängte er sich durch die Menge nach vorn und sah, was die Leute in solchen Scharen angelockt hatte: Auf einem erhöhten Steinpodest stand ein wunderschönes Mädchen, eine griechische Sklavin, die ihr Besitzer dem Meistbietenden zum Kauf anbot. Ihre Haut war schneeweiß, und ihre Wangen glühten wie blühende Rosen. Dem Kaufmann verschlug es den Atem. Noch nie hatte er ein so liebliches und anmutiges Geschöpf gesehen. Augenblicklich war er entschlossen, sie zu kaufen, und wenn es sein ganzes Vermögen kosten sollte.

Doch so schlimm war die Versteigerung nicht. Der Grieche galt als der reichste Mann in der Stadt, und niemand wagte, ihn zu überbieten. Er kaufte die schöne Sklavin verhältnismäßig billig. Er führte sie in sein Haus, wo er ihr ein erfrischendes Bad bereiten ließ, und nach dem Bad bewirtete er sie mit auserwählten Speisen und Getränken. Dann setzte er sich mit ihr in einen kleinen Gartenpavillon und bat sie, ihm ihr Leben zu erzählen.

Die Sklavin hieß Rhodopis und war schon als kleines Mädchen von Piraten geraubt worden. Die hatten sie an einen Reichen verkauft, der alle seine Sklaven auf einer fernen Insel arbeiten ließ. Und dort war sie aufgewachsen. Ein alter Sklave nahm sich ihrer an und sorgte für sie. Er war zwar alt und häßlich, aber seelensgut und erzählte ihr viele lehrreiche Geschichten von Tieren und Menschen, guten und bösen.

Mit der Zeit wuchs sie zu einer wunderschönen Jungfrau heran, wie es weit und breit keine zweite gab, und ihr Herr beschloß, sie zu verkaufen. Für eine solche Schönheit würde er bestimmt ein Vermögen bekommen. Und da die Stadt Naukratis für ihren Reichtum bekannt war, hatte er sie auf den dortigen Markt gebracht.

Der Kaufmann war zutiefst gerührt vom Schicksal der Jungfrau. Er schenkte ihr ein schönes Haus mit einem prächtigen Garten. In dem Garten ließ er einen künstlichen See anlegen, der war ganz mit Marmor ausgelegt, und aus zwei steinernen Fontänen sprudelte kühles Wasser, klar wie Alabaster.

Er überhäufte die Jungfrau mit kostbarem Schmuck und wunderschönen Kleidern und umgab sie mit Sklavinnen und Dienerinnen, die für ihre Bequemlichkeit und ihr Wohlergehen zu sorgen hatten. Und überhaupt hielt er sie wie eine leibliche Tochter.

Eines Tages, es war gerade um die Mittagsstunde, da die Sonne am heißesten vom Himmel herabbrennt, badete Rhodopis in dem kühlen See im Garten. Die Sklavinnen und Dienerinnen saßen im Schatten einer Dattelpalme und hielten unterdes ihr Kleid und den mit Edelsteinen besetzten Gürtel und auch die rosa Lieblingspantoffeln ihrer Herrin. Der ganze Garten bot ein Bild der Ruhe und des Friedens. Da stürzte plötzlich vom Himmel ein riesiger Adler herab. Die Sklavinnen erschraken, ließen alle Sachen fallen und flüchteten kreischend zwischen Büsche und Bäume. Rhodopis stieg aus dem Wasser, lehnte sich schutzsuchend an die Fontäne und war ganz bleich vor Angst.

Doch die Mädchen schienen den Raubvogel gar nicht zu interessieren. Er stieß bis zur Erde hinab, packte einen rosa Pantoffel mit seinen Klauen, schlug kraftvoll mit seinen riesigen Schwingen, stieg wieder auf und flog über das Niltal gen Süden.

Rhodopis brach in Tränen aus und war untröstlich über den Verlust ihres Pantoffels, um so mehr, als es ja ein Geschenk ihres väterlichen Freundes und Beschützers, des griechischen Kaufmanns war.

Unterdessen flog der Adler hoch über dem Fluß stromaufwärts weit nach Süden, bis zur Residenzstadt des Pharao und direkt zum Palast des ägyptischen Herrschers.

Pharao Psammetich saß gerade in seinem Thronsessel auf dem Schloßhof, hörte sich die Beschwerden, Klagen und Gegenklagen seiner Untertanen an und fällte gerecht seine Urteile. Plötzlich flog vom Himmel ein riesiger Adler herab und ließ einen rosa Pantoffel fallen, direkt in den Schoß des Herrschers.

Die Menschen schrien verwundert auf. Und auch der Pharao starrte überrascht auf den Pantoffel. Dann nahm er ihn in die Hand und betrachtete ihn, bewunderte seine Farbe, die meisterhafte Arbeit, aber am meisten überraschte ihn, wie klein der Pantoffel war. Und dabei fühlte er, daß die Besitzerin eines der schönsten Wesen unter der Sonne sein mußte. Ja, wahrscheinlich hatte der allmächtige Re persönlich sie ihm als Gemahlin ausersehen und den Adler als Boten seines Willens gesandt.

Pharao Psammetich überlegte nicht lange. Er erhob sich und erklärte: „Meine Boten sollen mit diesem Pantoffel in alle Enden meines Reiches ziehen und seine Besitzerin finden. Die Jungfrau, der dieser Pantoffel gehört, wird meine Braut."

Die Boten warfen sich vor dem Herrscher in den Staub und riefen: „Der Herr der Welt hat gesprochen, und sein Wille ist uns Befehl!"

Sie brachen sofort auf. Ganz Ägypten durchreisten sie, ließen keine Stadt, kein Dorf, ja kein Anwesen aus, bis sie schließlich auch nach Naukratis kamen. Dort hörten sie von dem griechischen Kaufmann, der auf dem Sklavenmarkt eine wunderschöne griechische Jungfrau gekauft habe und sie verwöhne und umhege und mit kostbaren Geschenken überhäufe, als sei es keine gewöhnliche Sklavin, sondern eine Prinzessin aus königlichem Geblüt.

Als das die Boten hörten, eilten sie sogleich zu dem großen Haus am Ufer des Nil. Sie fanden Rhodopis im Garten am See sitzend und in das blaue Wasser blickend. Doch kaum hatte sie den Pantoffel gesehen, da schrie sie überrascht auf und konnte ihrer Freude kaum Herr werden. Sie streckte den Fuß vor, und die Boten zogen ihr den Pantoffel an. Er paßte wie angegossen. Rhodopis schickte die Sklavinnen nach dem zweiten Pantoffel, den sie aufgehoben hatte zur Erinnerung an das seltsame Ereignis mit dem Adler. Nun war das rosa Pantoffelpaar wieder beisammen.

Da hegten die Boten keinen Zweifel mehr, daß sie endlich die Jungfrau gefunden hatten, die sie auf Befehl des Pharao suchen sollten.

Sie warfen sich vor ihr auf die Knie und sprachen: „Der mächtige Pharao Psammetich, der Herr der Welt, hat uns beauftragt, dich zu ihm in seinen Palast zu bringen. Ein großer Adler hat ihm deinen Pantoffel gebracht, und unser Herrscher hat beschlossen, dich zu seiner Gemahlin und ägyptischen Königin zu machen. Steig in die Sänfte, hohe Herrin! Wir werden dich in den Königspalast tragen. Denn so lautet der Befehl des mächtigen Pharao."

Rhodopis nahm Abschied von dem griechischen Kaufmann, der das alles gar nicht fassen konnte und nicht so recht wußte, ob er sich freuen sollte über ihr Glück oder trauern, weil er sie verlor.

Als der Pharao Rhodopis erblickte, schlug sein Herz wild vor Freude und Glück. Er heiratete sie auf der Stelle und erklärte sie zur Königin Ägyptens.

Beide lebten glücklich und zufrieden, und ihre Herzen waren erfüllt von Liebe zueinander.

AUSKLANG

Noch zieht die Sonnenbarke des allmächtigen Re über den Himmel und überschwemmt mit ihrem Licht alles auf der Welt. Aber ihre Strahlen sind schon weniger spitz und verbrennen die Erde nicht mehr mit ihrer Glut. Die goldene Barke nähert sich den Bergen der Westlichen Wüste, schon bald werden die Götter sie durch das Tor ins Westliche Reich ziehen, und die Nacht wird ihre Herrschaft über Ägypten antreten.

Im Hafen der ruhmreichen Stadt Alexandria liegt das königliche Schiff vor Anker. Nur schwach noch leuchten der goldene Bug und die Purpursegel. Es hat seine lange Fahrt durch ganz Ägypten beendet.

Um diese Stunde findet im Königspalast ein großes Fest statt, das die Königin zu Ehren ihres Sohnes, des Prinzen Caesarion gibt. Alles Tafelgeschirr ist aus Gold und mit Edelsteinen geschmückt, und an den Wänden hängen Teppiche, aus Gold- und Purpurgarn geknüpft. Dreißig Logen ließ die Königin zu dem Gastmahl aufstellen und die höchsten Staatsbeamten, Priester, Offiziere, Fürsten, Weisen, Sterndeuter und Gesandten fremder Länder einladen. Mit Rosenblüten dicht bestreut ist der Fußboden, und die Tische biegen sich unter der Last der köstlichsten Speisen und Getränke, die man sich nur vorstellen kann. Und die schönsten ägyptischen Tänzerinnen tanzen zu Gitarren und Flötenmusik.

In einer der Ehrenlogen ruht in einem goldenen Sessel Königin Kleopatra, und neben ihr sitzen auf goldenen Schemeln ihr Sohn, Prinz Ptolemaios Caesarion, und der größte Weise und Gelehrte Ägyptens, der Hofschreiber der Königin.

„Höre, mein teurer Schreiber", spricht die Königin. „Du hast uns während unserer Reise hervorragend unterhalten mit zauberhaften Geschichten aus längst vergangenen Zeiten. Du hast es verstanden, in deinen Erzählungen Weisheit und Belehrung mit

Erbauung zu verbinden, so wie ich es mir gewünscht habe. Ich bin außerordentlich zufrieden mit dir."

„Mächtige Königin, du mögest dich eines langen Lebens in Gesundheit erfreuen bis in alle Ewigkeit", erwidert der Gelehrte. „Ich bin unsagbar glücklich, daß dir und dem Prinzen meine Geschichten gefallen haben. Gewiß werden die Weisheiten der alten Zeiten deinem Sohn von Nutzen sein."

„Er wird sie brauchen, wenn er dereinst nach mir den Thron besteigt", stimmt ihm Königin Kleopatra zu. „Und noch heute werde ich mit dir, verehrter Schreiber, eine Urkunde aufsetzen, mit der du zum obersten Schatzmeister gehst, auf daß der dir aus der königlichen Schatzkammer Gold und Silber auszahlt, soviel du nur willst. Doch wisse, selbst der höchste königliche Lohn ist gering gegen den Dienst, den du uns erwiesen. Denn Weisheit ist nicht aufzuwiegen."

Die goldene Sonnenbarke schwimmt in das Tor des Westlichen Reiches, und mit ihren letzten Strahlen endet der Tag. Das große Fest im Königspalast klingt langsam aus, und auch unsere Erzählung über das alte Ägypten und seine großen Pharaonen ist zu Ende.

Der Sonnengott Re aber wird weiter jeden Tag seine Fahrt über den riesigen Himmelsozean antreten, um Ägypten Licht, Leben, Hoffnung und Freude zu schenken.